LES

COLONIES PORTUGAISES

ÉTUDE HISTORIQUE

ÉCONOMIQUE ET POLITIQUE

SUR LES

COLONIES PORTUGAISES

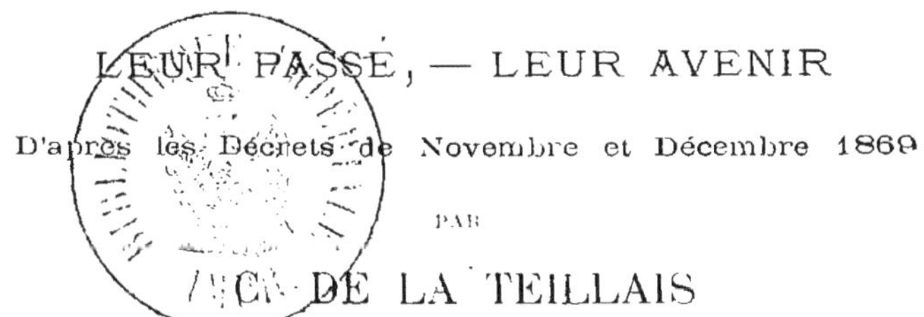

LEUR PASSÉ, — LEUR AVENIR

D'après les Décrets de Novembre et Décembre 1869

PAR

C. DE LA TEILLAIS

CHEVALIER DE L'ORDRE IMPÉRIAL DE LA LÉGION D'HONNEUR, DE CHARLES III D'ESPAGNE, DES S.S. MAURICE ET LAZARE, DU NICHAM, ETC., ETC.

PARIS

IMPRIMERIE ADMINISTRATIVE DE PAUL DUPONT

Rue Jean-Jacques-Rousseau, 41

1870

A

SA MAJESTÉ LE ROI

DE PORTUGAL ET DES ALGARVES

INTRODUCTION

INTRODUCTION

Il se tromperait étrangement, celui qui, bornant ses regards à la carte de l'Europe et mesurant l'importance des États à la surface qu'ils occupent, croirait pouvoir conclure de là que le Portugal est inférieur aux États voisins, dès lors que son territoire est moins étendu. A ce compte, ni la France ni l'Angleterre ne seraient grandes puissances! Il n'y aurait vraiment qu'une seule nation ayant droit à ce titre: ce serait la Russie.

L'histoire est là pour nous montrer que le Portugal est grande puissance, non pas à la façon de la Russie, mais à la façon de l'Angleterre et de la France. Les faits vont nous prouver que, pendant une suite de siècles, la puissance lusitanienne fut une de celles avec qui l'Europe entière fut obligée de compter et dont les galions, en traversant des mers inexplorées, portaient des trésors qu'eut enviés plus d'un souverain.

Le Portugal n'était, à vrai dire, que la capitale d'un vaste empire, dont chaque possession d'outre-mer représentait une province.

C'est une magnifique histoire que celle de cet État; c'est un noble peuple que celui-là qui aime sa patrie avec passion, qui n'a qu'un but et qu'un désir, celui de travailler sans cesse à sa grandeur et d'assurer sa suprématie. Rois, princes, nobles, bourgeois, tous sont unis dans la même pensée.

Inclinons-nous devant ces vaillants conquérants qui abandonnent leurs paisibles foyers, exposent leur vie, affrontent tous les périls pour la plus grande gloire du nom portugais.

Ce n'est pas par la hauteur de leur corps que l'on juge les héros.

Ce n'est pas non plus en calculant la superficie d'un royaume que l'on peut juger de sa puissance.

Qu'importe la largeur de la poitrine, si elle contient le cœur d'un lion!

Qu'importent quelques lieues de terrain en plus ou en moins pour celui qui commande à vingt nations!

Dans l'histoire du monde il n'y a pas de peuple qui ait poussé l'esprit de colonisation aussi loin que le Portugal.

L'histoire du Portugal, c'est l'histoire des découvertes et des conquêtes de la civilisation. Par corrélation, le développement de la prospérité des colonies portugaises est aussi le développement de la puissance de la mère-patrie.

En remontant aux premiers âges, nous voyons déjà l'espèce humaine s'étendre en colonies plus ou moins lointaines, d'abord sous l'empire de la nécessité et de l'imprévu, puis sous l'impulsion du commerce, enfin par le développement du génie militaire et politique.

Les colonies phéniciennes furent des établissements essentiellement commerciaux. Tyr, la première cité industrielle du monde, *la fille de la mer et du négoce*, suivant la parole du prophète Isaïe, avait pris son essor et volé à tous les rivages, en vue de son trafic. Adrumète,

Tysdrus, Utique, les deux Leptis et Carthage furent des ports de relâche et des lieux d'entrepôts dans lesquels s'échangeaient les denrées exotiques contre les produits indigènes.

Selon Strabon, les villes coloniales qui s'élevèrent sur les rivages occidentaux de l'Europe et de l'Afrique étaient au nombre de trois cents. On sait que les colonies phéniciennes se déclarèrent indépendantes ou tombèrent sous la domination de peuples étrangers.

Carthage, dans son rôle de métropole, dépassa Rome elle-même et pratiqua le système colonial des nations modernes; mais l'état de dépendance des colonies carthaginoises les empêcha toujours de s'élever à un haut degré de prospérité. Au dire de Diodore, les Carthaginois abordèrent à Madère dont ils voulaient faire une autre Carthage.

Chassés par des invasions étrangères, ou quittant volontairement leur patrie, à la suite de divisions intestines, les Grecs allèrent fonder les colonies de l'Asie Mineure et de l'Archipel. Ces colonies eurent cela de particulier, qu'elles se reconnurent indépendantes, presque au début de leur fondation.

Dans la colonisation politique et militaire rêvée et réalisée par Rome, rien ne dépendit de l'esprit d'aventure ou des hasards de l'imprévu; cette colonisation s'opéra au moyen d'émigrations dirigées par l'État vers des pays déjà habités par des nations vaincues. Machiavel tenait en haute estime le système colonial des Romains, dont le résultat devait être d'assurer la soumission des vaincus, en les pliant et les accoutumant à leurs idées et à leurs usages.

Après l'invasion des barbares, si étrangers à toute idée de colonisation, il faut longtemps attendre pour voir reprendre le cours de ces tentatives. Il ne fut de nouveau question des colonies en Europe qu'au moment de la découverte de l'Amérique et de la navigation des Grandes-Indes. Le genre humain, surpris par cette secousse, sembla se réveiller d'un long sommeil et trouver de nouvelles aspirations dans les nouvelles routes qu'il venait de frayer. Tous les peuples se précipitèrent à la fois dans la carrière où les appelaient de brillants succès et surtout des espérances plus brillantes encore.

Les Portugais avaient été les premiers à soupçonner et à constater l'existence de terres inconnues, dont la découverte devait changer la face du monde. Les historiens ont tous rendu hommage à ces intrépides explorateurs qui, s'élançant sur la trace du plus célèbre d'entre eux, le prince *Henri*, dit *le Navigateur*, portèrent, du golfe Persique à la Chersonèse-d'Or, les échos des noms glorieux des Albuquerque, des Cabral, des Gama, des Diaz, des Zarco, des Castro, des Covilhan, des Almeïda, des Païva, des Souza, de toute cette phalange de grands patriotes, dont la pensée comme le bras appartenaient au Portugal qu'ils voulurent rendre puissant, fort, redoutable et qu'ils surent placer à la tête des nations maritimes.

Le Portugal, dit l'un d'eux, parcourut à pas de géants la carrière dans laquelle il venait d'entrer. Il porta au milieu des nations de l'Afrique et de l'Asie un héroïsme de valeur et de vertu qui, les frappant à la fois d'étonnement et de respect, leur inculqua profondément l'opinion de la supériorité des Européens et prépara efficacement les succès qu'ils n'ont cessé d'obtenir depuis, au milieu des habitants de ces contrées.

La puissance acquise au Portugal par ses immenses trésors, les glorieuses expéditions de ses navigateurs, ses brillantes découvertes et ses conquêtes à travers l'inconnu, ne pouvaient manquer d'exciter la jalousie et l'envie des nations voisines et de l'Espagne surtout. Néanmoins le Gouvernement Portugais sut maintenir ses possessions et ses conquêtes, non-seulement pendant le cours du XVe siècle, mais encore jusqu'à la fin du XVIe.

Malgré cela les Espagnols, les Italiens et même les Normands contestaient aux Portugais la priorité de leurs découvertes. Il est bien certain cependant qu'avant le passage du cap Bajador par Gil Eannes, aucune nation de l'Europe ne connaissait la côte occidentale d'Afrique située au-delà dudit cap. M. le vicomte de Santarem l'a prouvé victorieusement lorsque, dans la conclusion de son remarquable travail sur les colonies portugaises, il dit :

« Qu'avant les découvertes faites par les Portugais au-delà du cap Bajador, le tracé de cette partie de la côte manquait dans toutes les cartes historiques et hydrographiques, preuve on ne peut plus évidente que ladite côte et ses ports étaient inconnus aux cosmographes de l'Europe et n'avaient point été visités par les navigateurs de cette partie du globe pendant le moyen âge.

« Que ce n'a été qu'après que les Portugais, ayant doublé le cap Bajador et ayant découvert et exploré les divers points de la côte, ainsi que les baies et fleuves, les eurent tracés et dessinés sur leurs cartes marines, que les autres nations de l'Europe commencèrent à ajouter aux leurs ce même tracé, employant la nomenclature hydrogéographique portugaise, étant prouvé et reconnu qu'avant nos découvertes, ces cartes n'offraient aucun nom européen.

« Sur ce sujet, les cosmographes des diverses nations de l'Europe ont été tellement d'accord que par les cartes étrangères postérieures au passage du cap Bajador, disposées par ordre chronologique, à commencer même par la carte catalane de Valséqua de 1439, c'est-à-dire postérieure de six ans audit passage, l'on voit que les cosmographes des autres nations complétèrent leurs cartes en y ajoutant la démarcation des côtes et la nomenclature hydrogéographique à mesure que nos explorateurs découvrirent des nouvelles terres et les dessinèrent sur leurs cartes marines, preuve indubitable de la priorité de la découverte faite par les Portugais, preuve qui se trouve parfaitement en harmonie avec les relations des marins portugais qui abordèrent les premiers à ces parages et ne rencontrèrent chez les peuples de la partie occidentale d'Afrique, ni souvenir, ni tradition qui pussent faire supposer qu'ils eussent été visités auparavant par aucune autre nation de l'Europe. »

Doit-on s'étonner que l'Espagne, l'Italie et les autres nations aient supporté avec impatience la splendeur du Portugal, dont l'éclat brillait si fort au-dessus d'elles, et se soient attachées avec acharnement à saper par la base la glorieuse réputation acquise par ce royaume? Car, nous l'avons déjà dit, tout en conservant ses étroites limites qu'il eut la sagesse de ne jamais vouloir reculer, il étendait son sceptre sur toutes les parties du globe et dictait des lois au monde stupéfait du développement de sa puissance effective et morale qui allait toujours grandissant.

Si la Hollande et l'Angleterre ne cherchèrent pas à disputer au Portugal le mérite d'avoir découvert et conquis les Indes ou la Guinée, les Moluques ou Saint-Thomas, elles firent mieux, elles mirent tout en œuvre pour s'en emparer, et ces implacables ennemies du Portugal parvinrent, soit par la ruse, soit par la violence, à se rendre maîtresses des établissements qui excitaient leur vive convoitise.

Mais la lutte fut acharnée, les Portugais défendirent pied à pied leurs droits et leurs propriétés et c'est à la suite de ces guerres incessantes qu'on vit peu à peu le Portugal s'épuiser en hommes parce qu'ils étaient tous allés combattre au secours des colonies.

Non-seulement les hommes manquèrent, mais ce qui devait assurer la prospérité du Portugal lui porta un coup terrible. Ses immenses trésors furent la cause de sa ruine. Confiants dans le rendement de mines inépuisables dont le produit dépassait toujours leurs besoins, les Portugais négligèrent de demander au commerce et à l'agriculture des ressources dont ils ne sentaient pas la nécessité. Jusqu'à l'arrivée aux affaires du grand Pombal, la production et l'échange furent à peu près nuls, étant remplacés par le capital sans cesse tiré du Brésil, source de richesse qui s'est trouvée brusquement supprimée le jour où cette colonie a été séparée de la mère-patrie.

La vie d'un peuple est fertile en événements et en fortunes divers, mais dans les phases les plus difficiles, l'esprit national et patriotique des Portugais leur permit de surmonter toutes les crises. La lutte terrible qu'ils soutinrent contre l'Espagne, porta un coup funeste à leur puissance dans l'Inde et dans plusieurs autres contrées soumises à leur domination.

Quand l'antique et noble maison de Bragance

eut ressaisi le sceptre, les plus grands efforts furent faits pour réparer les tristes conséquences de la domination espagnole. Si elle ne put ressaisir toutes les colonies qui avaient conquis leur indépendance ou avaient été conquises par d'autres nations, du moins elle assura la conservation de celles que possédait encore le Portugal et dont l'importance devait être pour lui une juste cause de fierté, une source intarissable de richesses, un gage certain de prospérité.

A mesure que les siècles avaient passé, la physionomie des colonies en Asie, en Afrique, en Amérique, s'était complétement modifiée. Aux grandes solitudes avaient succédé des villes commerçantes; les tribus sauvages s'étaient transformées en nations policées et soumises; et lorsque le roi Alphonse VI quitta le Portugal après avoir abdiqué en faveur de Don Pedro, ce fut aux îles Açores qu'il trouva les plus vives sympathies et la plus cordiale réception.

L'Espagne avait bien pu enlever au Portugal une partie de ses possessions, mais il ne lui avait pas été possible de détruire chez celles qui demeurèrent sous le sceptre portugais l'attachement et la fidélité au gouvernement de la métropole, malgré tous les efforts qu'elle tenta dans ce but.

L'histoire nous a montré l'inimitié constante et les luttes incessantes entre l'Espagne et le Portugal.

Un jour est venu cependant, par suite d'un de ces hasards de la fortune dont les États ne sont pas exempts, où le Portugal pouvait à son tour se faire dominateur, car son roi n'avait qu'un mot à dire pour que la couronne d'Isabelle II vînt se placer sur sa tête. Il ne tenait qu'au noble souverain qui règne sur le Portugal et les Algarves, de profiter des dispositions du peuple espagnol pour réunir à ses États le royaume d'Espagne et étendre sa puissance sur toute la péninsule ibérique.

Quelle surprise a causé le refus de S. M. Don Louis Ier!

Un plan plus vaste, plus glorieux, plus digne de la grandeur historique du Portugal, occupait la pensée du descendant de tant de rois illustres. Il songeait à la splendeur que le Portugal avait acquise par ses possessions d'outre-mer; il voulait revoir le pavillon de la Lusitanie flotter sur toutes les mers, et il méditait de rendre à son pays une partie de son antique gloire, en appliquant tous ses soins à la réorganisation des colonies.

Généreuse et féconde pensée! le Portugal, sagement gouverné, prospère dans ses provinces, se trouve dans les conditions les plus favorables pour rendre à sa marine militaire l'éclat du passé, et donner à sa marine marchande un puissant essor. L'avenir du royaume est tout entier dans la bonne direction, l'extension et la fertile exploitation de ses colonies.

Ce sera une des plus glorieuses pages du règne de S. M. Don Louis 1er que celle qui contient les décrets de réorganisation coloniale.

L'impulsion est donnée par le monarque, une ère nouvelle s'ouvre pour la fortune des Portugais. Ils sauront par leur génie, leur intelligence et leur dévouement au pays, seconder leur roi dans la tâche grandiose qu'il vient d'entreprendre. Ils montreront qu'ils sont les dignes fils des vaillants compagnons d'Albuquerque et d'Almeïda, comme leur souverain est bien l'héritier des mâles vertus des grands capitaines qui firent retentir le monde du bruit de leur nom et dont l'un d'eux mérita d'être proclamé empereur de l'Orient et de toutes les mers.

La publication des décrets relatifs aux colonies a causé en Portugal une profonde et légitime émotion, et l'opinion publique a été unanime pour reconnaître la sagesse, l'opportunité et le patriotisme de cette grande mesure.

Il est incontestable que c'est un acte politique d'une haute portée et qu'il intéresse non-seulement le Portugal, mais l'Europe tout entière. C'est pour qu'il soit apprécié comme il mérite de l'être, que nous avons cru utile de retracer l'importance historique des colonies portugaises en présentant à la suite quelques considérations sur l'état actuel de ces colonies et aussi sur l'œuvre régénératrice qui depuis quelques années préoccupe par-dessus tout les hommes les plus éminents du Portugal, à la tête desquels il convient de citer M. le comte d'Avila, M. da Silva Mendez Léal, M. Robello da Silva, et enfin celui qui aura l'honneur d'attacher son nom à cette grande entreprise, M. le duc de Loulé, premier ministre de S. M. Don Louis 1er.

I

CRÉATION DES COLONIES

CRÉATION DES COLONIES

Le xve siècle ouvrit pour le Portugal l'ère de sa grandeur.

La paix venait d'être conclue avec la Castille et assurait au pays une tranquillité dont il avait grand besoin. Mais si le roi Jean Ier avait le désir de se reposer de ses grands travaux militaires, au sein de cette paix glorieuse, il n'en était pas de même des infants, qui brûlaient de se signaler dans la carrière des armes où s'étaient si vaillamment illustrés leurs ancêtres.

La conquête de Ceuta, ville de la côte septentrionale d'Afrique, qui appartenait aux Maures, leur parut non-seulement le but le plus digne de leurs efforts, mais encore un prix magnifique proposé à l'héroïsme chrétien.

Le roi Jean, après quelques hésitations basées sur la crainte qu'en guerroyant au dehors, il laissât le royaume sans protection suffisante et donnât ainsi aux Castillans l'occasion de rompre la paix conclue et de tomber à l'improviste sur le Portugal, le roi, disons-nous, finit cependant par accéder au désir des infants et prépara secrètement une expédition dont le but fut soigneusement caché. Aux yeux de tous, elle parut dirigée contre la Hollande, à laquelle on envoya un ambassadeur chargé de réclamer publiquement satisfaction pour les actes de piraterie commis journellement par les Hollandais, mais on a su depuis que cet ambassadeur était pourvu d'instructions secrètes qui l'autorisaient à protester des meilleures intentions du Portugal vis-à-vis de la Hollande.

Pendant ce temps, des armements considérables avaient lieu, et des bâtiments étaient recrutés de toutes parts; on en louait sur les côtes de Galice, de Biscaye, d'Angleterre et d'Allemagne. Bientôt le bruit de l'équipement d'une armada portugaise se répandit partout, et partout on s'enquérait de l'objet et du but de si grands préparatifs. Tout ce qu'on put apprendre, c'est que les infants don Pedro et don Henrique commanderaient la flotte et que le roi se chargeait des soins de l'armada.

Enfin la flotte fut prête à prendre la mer et on vit s'avancer l'armada de l'infant don Henrique, voiles déployées, flammes au vent, brillamment équipée et montée par la fleur de la noblesse portugaise. Parmi les plus nobles gentilshommes qui avaient tenu à honneur d'accompagner l'infant on doit citer Ayres Gonzalves de Figuerredo, qui était un vieillard de quatre-vingt-dix ans. Nombre de gentilshommes de diverses nations vinrent se ranger sous la bannière portugaise. Un enthousiasme indescriptible régnait parmi ceux qui devaient prendre part à l'expédition laquelle fut retardée par la mort de la Reine, survenue pendant que tout se préparait pour le départ

Il eut lieu au mois de juillet 1415. Le 9 août les Portugais signalèrent la côte mauresque. Le lendemain, après midi, l'ancre fut jetée par toute l'armada devant Algésiras; le 12, on marcha sur Ceuta, et le 21, après un combat glorieux, la ville était au pouvoir du Portugal.

Ceuta devint pour les Portugais un point de départ pour leurs conquêtes éloignées sur la côte africaine, et suivant la poétique expression d'un historien, ce fut le premier anneau de la longue chaîne que les marins portugais tendirent autour de la côte d'Afrique et dont le dernier, scellé d'or, se rattachait au paradis de l'Inde.

Quand le roi fit planter la bannière de Saint-Vincent sur le château de Ceuta, il ouvrit à ses sujets une plus vaste perspective et leur désigna un but plus élevé. Sur le promontoire sacré (*promontorium sacrum* de l'ancien monde), se posa désormais l'infant don Henrique, l'œil fixé sur les vagues agitées, sur l'immensité de la mer et rêvant par delà un nouveau monde.

Ce prince auquel l'histoire donna si judicieusement le nom de navigateur, est une des plus grandes figures de son époque. Instruit, adonné aux études géographiques et astronomiques, peu répandues alors, il avait depuis longtemps conçu le projet de faire explorer la côte d'Afrique, et dans le but de se livrer absolument à l'exécution du plan qu'il méditait, il fixa son séjour dans les Algarves et se fit construire à proximité de Sagres une habitation qu'on désigna sous le nom de Villa de l'infant. C'était une sorte d'observatoire où, pendant douze années, il vécut en face de la mer dont il méditait la conquête, interrogeant les prisonniers et les marchands maures sur l'intérieur de l'Afrique, relisant les relations de voyage des anciens, comparant les indications qu'elles lui fournissaient, avec les renseignements qu'il tirait des habitants de ces contrées que la fortune ou le hasard lui envoyait et poursuivant sans cesse la réalisation de ses projets

La première tentative qu'il dirigea avait pour but de doubler le cap de *Non*, promontoire de la côte d'Afrique, ainsi nommé parce qu'il était généralement admis par tous les marins que si quelqu'un parvenait à le doubler, il ne pourrait jamais en revenir.

Dépasser ce cap fameux n'était donc pas seulement reculer le terme des courses présumées possibles; c'était surtout un grand résultat, en ce sens que le préjugé de bornes pour ainsi dire infranchissables, se trouvait renversé et que la suite n'était plus qu'une question de plus ou moins de résolution de la part des matelots. Mais des difficultés réelles paralysaient le bon vouloir de ceux mêmes qui n'eussent pas reculé devant les entreprises les plus aventureuses. La fureur des vagues qui venaient se briser sur le cap détaché de quarante lieues à l'ouest, en avant de la côte et dépassé lui-même par des récifs dressés en mer, à six lieues plus loin, pouvait bien épouvanter les plus intrépides.

L'infant don Henrique ne se rebuta pas des hésitations que les gens de mer montraient et il redoubla d'efforts pour les encourager à seconder ses vues. Il jugea de ce qu'on pouvait faire par ce qu'on avait déjà fait et comme il croyait fermement qn'il n'y avait pas d'obstacles invincibles il mit tout en œuvre pour les surmonter. Il finit par faire partager ses convictions à deux de ses courtisaus, Jean Gonzalve Zarco et Tristan Vaz de Texeira, hommes d'action et d'énergie, qui avaient bravement combattu sous ses yeux, à Ceuta, où ils s'étaient signalés par des actes de grand courage.

Ils acceptèrent d'aller à la découverte et promirent de doubler le redoutable cap et de pousser aussi loin que possible vers l'inconnu. Dans ce but, ils prirent la mer en 1418, sur une chaloupe que l'infant avait spécialement fait équiper pour eux. Une violente tempête les ayant assaillis peu de temps après leur embarquement, ils furent poussés en vue d'une petite île où ils abordèrent et à laquelle, par reconnaissance, ils donnèrent le nom de Porto-Santo.

Porto-Santo (Port du Salut), peut donc être considérée comme la première conquête faite par les Portugais, dans l'Atlantique. Cette île, l'une des Madères, est située à 52 kilomètres N. E. de l'île Madère, par 35 degrés 5 de latitude N. et par 18 degrés 37 de longitude O.

C'était alors une terre inculte, au sol montagneux, dont le tuf, accumulé confusément, semblait avoir été jeté par un volcan sous-marin. Mais telle qu'elle était avec ses sources d'eau chaude et d'eau vive, et sa température salubre, elle fut considérée par ses explorateurs comme une excellente découverte, et le récit qu'ils en firent à l'infant, lorsqu'ils furent de retour, excita un tel enthousiasme que bon nombre de personnes offrirent d'aller s'y fixer, entre autres un écuyer de l'infant Jean Bartholomé Perestrello, qui se chargea d'aider Gonzalve Zarco et Tristan Vaz Texeira à coloniser l'île. Ce premier essai de colonisation ne fut pas heureux, et la plupart de ceux qui étaient partis avec l'intention de demeurer au Port du Salut, revinrent aussitôt en Portugal.

Zarco et Vaz restèrent dans l'île, désireux de savoir à quoi s'en tenir sur une ligne brumeuse qu'ils apercevaient à l'horizon et dont ils ne pouvaient déterminer la forme précise ni la nature. Craignant toutefois de s'exposer à des railleries ou à des reproches de la part de leurs compatriotes, ils gardèrent le secret de leur préoccupation jusqu'au moment où ils se déterminèrent à s'embarquer avec quelques hommes dévoués pour pousser une reconnaissance vers l'endroit qui attirait leurs regards.

Leur excursion devait être amplement récompensée. Ils aperçurent une île beaucoup plus étendue que celle qu'ils venaient de quitter et toute couverte d'épaisses forêts. Excités par une curiosité bien naturelle, ils doublèrent une pointe un peu élevée qu'ils nommèrent promontoire de Saint-Laurent et explorèrent toute la côte, puis abordant avec précaution, ils prirent possession du territoire, au nom de Sa Majesté portugaise. En signe de remercîment à la Providence, ils plantèrent sur le rivage une croix de bois et donnèrent à l'île le nom de Santa Cruz, qui fut depuis échangé contre celui de Madère (Madeira), en raison de la grande quantité de bois qui couvrait tout le pays.

Lorsque les deux hardis navigateurs rapportèrent cette heureuse nouvelle à l'infant don Henrique, celui-ci fit éclater sa joie et, avec l'agrément du roi Jean, il divisa l'île en deux capitaineries. L'une, la Camara dos Lobos (la grotte aux loups), fut donnée à Gonzalve, l'autre, appelée Machico, à Tristan Vaz. Quant à Perestrello, il était devenu gouverneur de Porto-Santo.

Le groupe des îles de Madère, qui n'est autre que les *Purpurariæ insulæ* des Romains, situé à 666 kilomètres des côtes d'Afrique, entre 32 degrés 30 et 33 degrés 10 de latitude Nord et entre 18 degrés 35 et 19 degrés 42 de longitude Ouest, était destiné à devenir l'une des plus importantes possessions du

Portugal. Sa colonisation se développa rapidement; Voici d'ailleurs ce que dit à ce propos l'auteur de l'*Histoire du Portugal* :

Dans l'année suivante (1420), les deux explorateurs et Perestrello se rendirent dans leurs capitanias, abondamment pourvus de tout ce qui était nécessaire à un nouvel établissement. Gonzalve qui, de la Camara dos Lobos prit pour lui et sa famille le surnom de Camara, fonda, non loin de ce lieu, Funchal, actuellement capitale de l'île. Comme l'épaisseur extraordinaire et l'étendue des bois dont cette île était couverte, opposaient de grandes difficultés à sa mise en culture, il fit mettre le feu à une portion de bois près de Funchal; le feu gagna tout autour, brûla dit-on sept années et dévora la plus grande partie des bois de l'île. La fertilité du sol dépassa toutes les espérances. La canne à sucre, transplantée dès le début en ce lieu, produisit sur trois legoas de terrain, durant quelques années, plus de soixante mille arrobes, pour le cinquième de la récolte, qui appartenait au grand maître de l'ordre du Christ. Les ceps de vigne que don Henrique fit transporter de Chypre à Madeira ne profitèrent pas moins. Selon Cadamosto, le grain rendit soixante pour un et les scieries que l'infant fit établir pour débiter le bois épargné par le feu fournirent en abondance à la métropole et à d'autres contrées les plus belles espèces de bois.

En 1432, un nouveau voyage d'exploration fut résolu et cette fois l'infant don Henrique chargea son écuyer Gil Eannes de l'entreprendre. Déjà celui-ci avait abordé l'année précédente aux îles Canaries, cette fois il devait spécialement tenter de doubler le cap que personne n'avait encore franchi. Gil Eannes accomplit heureusement cette mission et de ce jour le cap prit le nom de cap Bojador. Quoique cette navigation au delà du cap ne passe plus aujourd'hui pour difficile, alors elle fut regardée comme un grand fait, et c'en était un en réalité. On l'exalta à l'égal de l'un des travaux d'Hercule; elle détruisit les fausses idées qui dominaient alors dans toute l'Espagne et donna un courage nouveau à ceux qui, jusqu'alors n'avaient pas osé poursuivre cette découverte.

Gil Eannes avait été grandement félicité par l'infant et récompensé avec cette générosité que le prince savait déployer dans les circonstances importantes. Cela lui donna le désir de continuer son œuvre qui avait pour le Portugal un but de haute utilité.

Non-seulement ces expéditions ouvraient à la science une voie nouvelle, mais elles avaient encore un côté matériellement profitable au pays. Effectivement le pape Martin V avait fait une donation perpétuelle et définitive à la couronne de Portugal, de toutes les terres qui pourraient être découvertes par les Portugais, depuis le cap Bojador jusqu'aux Indes orientales. A partir de ce moment on peut dire que les voyages d'outre-mer ne cessèrent plus. Une indulgence plénière avait été accordée par le Pape pour l'âme de tous ceux qui viendraient à périr dans ces entreprises hardies. D'un autre côté ils étaient certains, en cas de réussite, d'y acquérir un grand renom et de grandes richesses. Ces avantages de tous genres ne pouvaient manquer de surexciter l'émulation d'un peuple, naturellement porté aux entreprises aventureuses, et pour lesquelles il semble spécialement doué de toutes les qualités nécessaires : le courage, le mépris du danger, la sobriété, la force musculaire et l'énergie.

Ce fut donc une succession de périlleuses expéditions qui commença pour ne plus s'arrêter. A mesure que le succès les couronnait, il semblait qu'une soif de nouvelles richesses à conquérir dévorait tous les Portugais, qui devinrent les premiers navigateurs du monde. Ils obtinrent d'abord l'admiration de toutes les nations, jusqu'au jour où une ardente convoitise s'éveilla chez celles qui, comme la Hollande et l'Angleterre, comprenaient à merveille l'importance que de semblables conquêtes pouvaient donner au royaume qu'elles apanageaient.

Parmi les plus illustres de ceux qui se vouèrent ainsi à enrichir leur patrie il faut citer Velho Cabral, qui devait découvrir les Açores, et qui était élève du collége nautique que l'infant don Henrique avait fondé pour former des navigateurs

L'histoire de la découverte des Açores fut longtemps l'objet de vives contestations de la part des historiens. Ces îles, archipel de l'Océan Atlantique situé à 1,800 kilomètres de la côte de Portugal entre 36 degrés 56 et 39 degrés 44 de latitude N. et entre 27 degrés 14 et 33 degrés 32 de longitude, se composent de trois groupes d'îles et d'îlots séparés les uns des autres. Les géographes du moyen âge en firent vaguement mention sans rien préciser, et ce fut un négociant flamand du nom de Vanderberg, parti de Lisbonne et poussé par une tempête jusque sur les côtes de cet archipel, qui les aperçut. A son retour en Portugal il en donna connaissance et la Cour chargea Cabral d'aller vérifier la position réelle de ces îles, signalées déjà par le duc de Coïmbre, frère de l'infant Henrique, au moyen d'une carte qu'il avait rapportée d'Italie en 1428.

Ce fut en 1432 que Cabral mit à la voile ; il réussit à prendre terre le 15 août, ce qui lui fit donner le nom de Sainte-Marie à la première des îles dont il prit possession. Douze ans plus tard, c'est-à-dire en 1444, il reprit la mer et découvrit l'île Saint-Michel, dont il obtint la capitainerie comme il avait déjà obtenu celle de Sainte-Marie.

Le système de colonisation de ces îles fut excellent. Cabral avait pu constater que le climat était salubre, le sol fertile, et que le séjour ne pouvait qu'en être des plus agréables. Il engagea donc sa famille, ses amis, toutes les personnes qu'il connaissait à venir s'y établir, et ce noyau de gens instruits, policés, forma immédiatement un centre choisi, autour duquel se groupèrent des gens du peuple ; ce qui donna immédiatement à l'archipel des Açores la physionomie d'un pays depuis longtemps civilisé à l'européenne.

La troisième de ces îles, Terceire (Teiceyra) ne fut découverte qu'en 1450 par Jacques de Bruges à qui la capitainerie en fut donnée. La capitainerie de Gracieuse fut concédée à un seigneur d'origine gasconne, Pierre Correa da Cunha. L'île de Saint-Georges fut colonisée par Guillaume Van-der-Haagen, qui échangea son nom pour celui de da Silveira. C'était un des compagnons et des compatriotes de Jacques de Bruges, ainsi que le capitaine donataire de l'île du Fayal et du Pic, Josse Van Huerter. Flores et Corvo, qui complètent les huit îles açoréennes, furent données en toute propriété à une noble portugaise, Marie de Vilhena, qui chargea le capitaine de Saint-Georges, Van der Haagen, de les coloniser et de les gouverner pour son compte.

Les Portugais avaient franchi la ligne équinoxiale, cette ligne si redoutée, et au-delà de laquelle on croyait que l'air brûlait comme le feu.

Si, pendant longtemps, nombre d'esprits timides et routiniers avaient blâmé l'infant de dépenser des sommes considérables pour encourager et même diriger des voyages maritimes, ils commençaient à reconnaître les heureux résultats de ces expéditions. Chaque jour arrivaient en Portugal des produits coloniaux qui étaient pour le pays une source de richesses. Les nouvelles qu'on recevait des établissements portugais étaient excellentes, on savait que de pauvres gens, qui pouvaient à peine subsister en

Portugal étaient soudain devenus de riches colons. Alors, ceux-là même qui s'étaient montrés les plus hostiles aux tentatives de l'infant, furent les plus empressés à exalter les mérites du prince intelligent dont la courageuse initiative fécondait si puissamment le pays et offrait à tous les hommes de bonne volonté une carrière dans laquelle ils étaient sûrs de trouver la fortune.

L'historien allemand, Henri Schæfer, a donné une notice exacte des découvertes que les Portugais firent après le doublement du cap Bojador, jusqu'à la mort de l'infant don Henrique ; c'est à lui que nous emprunterons ce relevé :

Après que Gil Eannes eût doublé le cabo Bojador, l'infant envoya, dès l'année suivante (1434), son échanson Gonçalve Baldaya en compagnie de Gil Eannes avec deux vaisseaux pour poursuivre les découvertes. Ils naviguèrent environ trente milles par delà le cap et débarquèrent dans une baie à laquelle ils donnèrent le nom d'Angra dos Ruivos. Sur la côte on ne trouva point d'hommes mais bien des pas de chameaux et des chemins foulés qui semblaient indiquer des passages de caravanes ; le manque de vivres força les marins à regagner le Portugal.

L'année suivante (1435), ces mêmes navigateurs furent encore envoyés dans cette direction par l'infant et dépassant l'Angra dos Ruivos, ils entrèrent dans un golfe, puis ils mirent à terre deux jeunes pages de la cour de l'infant, avec des chevaux, pour explorer le pays. Ceux-ci rencontrèrent dix-neuf hommes à peau noire avec lesquels ils engagèrent un combat. Les barbares lançaient leurs petits javelots avec tant d'adresse que les pages, dont l'un avait été blessé au pied, se retirèrent vers la côte qui, de cet incident, reçut le nom d'Angra dos Cavallos.

Les événements politiques survenus en Portugal, la mort du roi, et les troubles de la régence détournèrent pendant quelques années l'infant des expéditions maritimes, mais en 1441 le calme était entièrement rétabli, et alors don Henrique recommençait à poursuivre ses projets favoris. Il fit équiper un petit vaisseau et le confia au maître de sa garde-robe, homme encore très-jeune, en lui recommandant, dans le cas où il ne pourrait recueillir aucun renseignement sur la côte, de charger son vaisseau de peaux de chiens de mer.

Gonçalves avait rempli ses instructions lorsqu'il rencontra Nuno Tristâo sur un autre bâtiment envoyé par l'infant; tous deux engagèrent alors de concert un combat avec une troupe de nègres auxquels ils firent des prisonniers. Après cette victoire, Antâo Gonçalves fut armé chevalier par Nuno Tristâo sur la côte même, et le lieu où se fit cette cérémonie reçut le nom de « Porto do Cavalleiro. »

Gonçalves amena en Portugal les prisonniers nègres, les premiers qu'on y vit, mais Nuno Tristâo poursuivit son voyage et découvrit un cap auquel à cause de sa teinte blanche il donna le nom de

« cabo Bianco. » Quoiqu'il trouvât en ce lieu des traces de pas d'hommes et quelques filets, la direction irrégulière de la côte et la force des courants, ainsi que la réduction de ses provisions de bouche, le déterminèrent à retourner en Portugal.

Les rapports favorables que les deux marins firent de leurs découvertes, les nègres qu'ils présentèrent comme témoignages parlant à l'appui décidèrent entièrement l'opinion publique en faveur des voyages maritimes. « La vue du butin et des esclaves, dit plus loin l'historien du Portugal, excitait encore plus fortement les esprits, en sorte que toute la population du royaume fut enflammée du désir de poursuivre cette route de la Guinée. »

L'infant avait alors sa résidence à Terçanabal et comme tous les vaisseaux revenant de leurs voyages de découverte étaient déchargés à Lagos, les habitants de ce bourg furent les premiers à solliciter de lui la permission de naviguer pour leur compte vers ces contrées, promettant de payer à l'infant, sur leurs profits, les droits que le roi lui avait concédés.

A la tête de ces gens étaient : d'abord un escudeiro nommé Lançarote, gentilhomme de la chambre de l'infant, institué par celui-ci almoxarife de Lagos, puis Gil Eannes, le même qui le premier avait doublé le cabo Bojador ensuite bon nombre d'hommes considérables. Ils armèrent six caravelles qui, d'après l'ordre de don Henrique furent placées sous le commandement supérieur de Lançarote, nommé capitão mor.

La flottille arriva la veille de la Fête-Dieu (1443) à l'île des Hérons, où les marins prirent une quantité de ces oiseaux pour leur nourriture; plus tard, dans une attaque sur les îles Nar, et dans les courses sur les îles et les côtes voisines, ils firent prisonniers un grand nombre de nègres avec lesquels ils revinrent en Portugal.

Dans la même année (1443), un bourgeois aisé de Lisbonne, Diniz Fernandes, avec la permission de l'infant, équipa un vaisseau, dépassa le Sénégal, où il captura plusieurs nègres, et découvrit un grand cap, auquel il donna le nom de *cabo Verde* (cap Vert). Des temps orageux ne lui permirent pas de le doubler et le forcèrent à regagner le Portugal.

L'année suivante, un Vénitien, Luigi de Cadamosto, qui voulait se rendre en Flandre, fut déterminé par des vents contraires à jeter l'ancre non loin du cap Saint-Vincent. Cet homme, âgé seulement de vingt-deux ans, doué d'un esprit entreprenant et aspirant à de hautes destinées, fut bientôt présenté à l'infant, qui le détermina à prendre part aux voyages de découvertes des Portugais.

Sur une caravelle que l'infant fit équiper et qu'il plaça sous la conduite d'un certain Vincent Diaz de Lagos, Cadamosto quitta la côte du Portugal le 22 mars 1445. On poussa jusqu'à l'embouchure de la Gambie. Ce qui est plus important encore que les découvertes, dues à ce voyage, c'est la relation précieuse qui en fut faite par Cadamosto, dans une seconde expédition, en 1446; elle est la seule qui se soit conservée de l'époque de l'infant don Henrique.

La même année que Cadamosto fit son premier voyage, l'infant expédia encore à la découverte un autre vaisseau, sous la conduite de Gonçalo de Cintra, vaillant capitaine. Gonçalo avait dépassé le Rio-d'Ouro de quatorze milles environ, lorsqu'il fut tué avec plusieurs de ses compagnons par les Maures, dans une baie qui reçut en son honneur le nom d'Angra de Gonçalo de Cintra.

Ce malheur détermina l'infant à faire armer en même temps, l'année suivante, trois caravelles dont il confia le commandement à Antâo Gonçalves, Diogo Affonso et Gomes Pirez. Ils devaient essayer de convertir à la foi chrétienne les habitants du pays le long du rio d'Ouro, ou au moins de conclure un traité d'amitié avec eux; mais n'ayant pu réussir ni dans l'une ni dans l'autre de ces tentatives, ils regagnèrent leur patrie.

Toutefois, un certain Joâo Fernandes, resta de son plein gré pour étudier de plus près le pays et le peuple des Asenegi, dont il comprenait la langue, et donner sur ces contrées des renseignements à l'infant. Sept mois étaient déjà écoulés depuis le retour des trois caravelles, lorsque l'infant, avide d'apprendre quelque chose sur le destin et les découvertes de Fernandes, expédia de nouveau trois bâtiments. Ils furent séparés par la tempête et ce fut seulement en revenant qu'ils rencontrèrent l'intrépide observateur. Pendant son espèce de déportation volontaire, il avait su engager de si bons rapports avec les sauvages, qu'ils furent fort affligés de son départ. Quelques-uns d'entre eux s'en allèrent avec lui pour l'accompagner et lier des relations avec les Portugais, et Antâo Gonçalves, commandant d'un vaisseau, reçut d'eux quatre-vingt-dix nègres et un peu de poudre d'or. Malgré ces bonnes relations, il donna au cap situé en ce lieu le nom de cabo do Resgate.

L'infant sut apprécier les quatre-vingt-dix prisonniers amenés par Gonçalves de son voyage ainsi que la poudre d'or qu'il lui présenta, mais ce qui le réjouit bien davantage, ce furent le salut de Fernandes et les notions pleines d'intérêt qu'il lui communiqua sur les hommes et les pays qu'il avait vus. Fernandes était le premier qui eût pénétré dans l'intérieur de l'Afrique et qui, poussé par la noble passion de la science, eût supporté toutes les fatigues et toutes les privations. Lorsqu'il vint à bord du vaisseau portugais, par le teint et par le costume il ressemblait à un Asenegi, mais il était bien valide et vigoureux, malgré les misérables aliments avec lesquels il avait soutenu sa vie.

A son premier voyage, Cadamosto avait rencontré un Génois nommé Antonio de Nolle qui, avec la permission de l'infant, s'était également mis en course, allant à la découverte; il s'était réuni à lui et ils avaient continué de concert leur route jusqu'à la Gambie.

De l'agrément de don Henrique, tous deux entreprirent sur deux caravelles, auxquelles l'infant en joignit une troisième, un second voyage l'année suivante (1446). Battus par une tempête, ils découvrirent les îles du Cap-Vert et nommèrent la première qu'ils aperçurent Boavista; une seconde, Santiago et San-Filippe, parce qu'ils y abordèrent le jour de ces saints; une troisième, Mayo, en l'honneur du mois dans lequel ils firent cette découverte. Ensuite Cadamosto doubla le cap Vert, gouvernant vers l'embouchure de la Gambie, qu'il remonta sur une certaine étendue pour examiner le pays environnant. Puis il fit voile vers la rivière de Rha, alla trouver le prince de ce pays appelé Casamanca par les Portugais, découvrit le cap auquel il donna le nom de Caboroxo, parvint enfin à l'embouchure du Rio Grande et visita les îles de Bissago. Comme son interprète ne put s'entendre avec les habitants de ces contrées et de ces îles et que toute communication avec eux parut impossible, Cadamosto reprit la route du Portugal.

Pendant les voyages de découvertes de Cadamosto, des navigations vers la côte occidentale d'Afrique étaient entreprises par d'autres dans les mêmes vues. Dès le mois d'août 1445, des habitants de Lagos, de l'aveu de l'infant, avaient fait sortir quatorze vaisseaux sur lesquels don Henrique avait donné le commandement supérieur à Lançarote, dont il a déjà été question, comme à un marin expérimenté et heureux. La flotte avant son arrivée au cap Vert, eut à subir divers accidents et plusieurs bâtiments revinrent. Mais Lançarote, avec quelques caravelles, poursuivit sa route et fit cinquante-neuf prisonniers, sur l'île de Tider seulement.

L'année suivante (1446), Nuno Tristâo fut envoyé par l'infant avec une caravelle, afin de poursuivre les découvertes d'Alvaro Fernandes, neveu du gouverneur de Madeira qui, avec une caravelle sortie de cette île, avait poussé jusqu'au Cabo des Mastos, ainsi appelé de quelques palmiers desséchés qui, de loin, ressemblaient à des mâts. Tristâo pénétra jusqu'au Rio-Grande. En remontant ce fleuve dans une chaloupe, il tomba au milieu de treize canots que montaient quatre-vingts nègres armés, fut environné et assailli par une grêle de flèches empoisonnées. Tristâo opéra sa retraite avec ses compagnons, mais le poison agit si rapidement que la plupart de ceux-ci moururent avant d'arriver à bord. Blessé lui-même et saisi de violentes douleurs, il ne tarda pas à rendre l'âme.

Quatre nobles, élevés à la cour de l'infant et quelques autres hommes importants, dix-huit personnes, y compris les simples marins, avaient péri et sur les sept autres qui revinrent à bord, deux encore moururent par accident. Le vaisseau, conduit miraculeusement, comme par une main invisible revint seul avec le teneur de livres et quatre jeunes gens dont aucun n'entendait rien à la navigation; au bout de deux mois, il entrait sans câbles ni ancre à Lagos.

Alvaro Fernandes fut plus heureux que Nuno Tristão; dans la même année, il fit voile encore une fois pour la Guinée et navigua cent legoas par delà le cap Vert. Son premier exploit fut une attaque sur les nègres d'un village, dont il tua le vaillant chef de sa propre main pour effrayer ces sauvages. Désireux de pousser plus loin que ses devanciers, Fernandes gouverna jusqu'à l'embouchure d'une rivière que les Portugais nommèrent plus tard Tabite, puis parvint à une langue de terre où il pensait débarquer, mais il en fut empêché par une troupe de cent vingt nègres armés. Comme il avait déjà été blessé sur cette rivière par une flèche empoisonnée et n'avait été sauvé que par miracle et grâce à des remèdes énergiques, Fernandes se contenta pour le moment d'avoir reculé les découvertes des Portugais plus loin que les précédents navigateurs et revint en Portugal où il fut reçu honorablement et richement récompensé par l'infant Henrique et son frère Pedro.

Les distinctions et les présents dont Fernandes fut comblé provoquèrent plus d'émulation que l'infortune de Tristão n'inspira de terreur, car, dans la même année encore dix bâtiments, dont une caravelle de l'évêque d'Algarve, se dirigèrent vers la côte occidentale d'Afrique, sans toutefois répondre par leurs succès aux espérances alors si vivement excitées. Ce point extrême atteint par Fernandes ne fut pas dépassé du vivant de l'infant Henrique.

La mort de l'infant arriva le 13 novembre 1460, ce grand prince avait alors soixante-sept ans. Il serait difficile de trouver une vie mieux remplie et plus occupée du soin de la grandeur de son pays; disons donc avec M. Soulange Bodin, traducteur de l'*Histoire du Portugal* :

Henrique avait fait les premiers pas, les plus difficiles dans la nouvelle carrière qu'il s'était efforcé d'ouvrir à son peuple. Luttant sans relâche contre les difficultés que l'ignorance, les préjugés et l'étroitesse des idées jettaient sur son chemin, non-seulement il était parvenu à les surmonter, il avait même converti le blâme en éloge, l'opposition en zèle ardent et actif pour ses plans, et de son goût personnel pour les voyages de découvertes et les entreprises maritimes il avait fait la passion de son peuple.

Lorsqu'il fut arraché au monde, ses vastes projets n'étaient exécutés que pour très-faible partie, mais il laissa aux Portugais comme une propriété nationale les pressentiments et les perspectives de sa vie. L'impulsion qu'il avait communiquée à leur esprit était trop puissante pour qu'elle pût se ralentir ou même se suspendre et le génie d'Henrique dirigea encore les Portugais dans leurs lointains voyages, lorsque son œil était éteint depuis longtemps.

La direction donnée aux efforts du peuple assura les fruits de la riche semence que l'infant avait jetée. Par les découvertes et les magnifiques acquisitions auxquelles ils conduisirent, le Portugal gagna le commerce du monde et prit une position dans les rapports intimes et les relations extérieures des États européens, bien plus solide qu'il n'aurait pu l'obtenir avec une puissance beaucoup plus grande, par la guerre et la politique.

L'infant avait jeté les bases de cette grandeur, l'esprit pénétré de sa devise : « talent de bien faire. »

Le souvenir de don Henrique le Navigateur est resté vivace en Portugal et aujourd'hui encore, après quatre siècles écoulés, il n'est pas un Portugais qui ne sache que c'est à ce grand génie que son pays doit le glorieux renom dont il jouit.

La découverte de la Guinée fut un fait capital et aucun historien étranger du XVe siècle ni même de la plus grande partie du XVIe n'a disputé aux Portugais la priorité de leurs découvertes au delà du cap Bojador et de la fondation de leurs établissements sur les côtes occidentales de l'Afrique. Ce ne fut qu'en 1666 et 1667, dans la seconde moitié du XVIIe, siècle qu'un certain Villaut de Bellefond, ayant fait un voyage à la côte de Guinée, dans la relation qu'il en dédia à Colbert, jugea à propos de dire, sans toutefois citer un document, ni donner la moindre des preuves requises pour établir la vérité d'un fait historique, que les marins de Dieppe avaient les premiers découvert la Guinée, où ils avaient fondé des établissements en 1365,

Dans les *Recherches* de M. le vicomte de Santarem, un des écrivains portugais les plus estimés, on lit : « Avant de montrer d'une manière évidente que les assertions de ce voyageur concernant les premières découvertes des Européens dans cette partie de l'Afrique sont entièrement inadmissibles et s'évanouissent en présence de faits notoirement connus et admis comme autant de vérités dans les siècles précédents, ainsi que devant une foule de documents authentiques ; avant de prouver ce que nous venons d'avancer par l'analyse même de l'ouvrage de ce voyageur et par le présent écrit, nous rapporterons une particularité intéressante qui nous mettra à l'abri de l'accusation de partialité qu'on pourrait porter contre nous. »

Et M. le vicomte de Santarem cite un ouvrage paru à Edimbourg en 1799 duquel il transcrit textuellement le passage qui a rapport à la priorité que ledit Villaut prétendait établir et où les auteurs le traitent de faussaire.

D'ailleurs tous les autres ouvrages dans lesquels on prétendit établir la priorité de la découverte des Normands et en particulier des Dieppois, ont été composés plus de deux siècles après les découvertes des Portugais. Ces ouvrages n'étant qu'une répétition des assertions de Villaut, ne méritent aucune confiance à cet égard.

Aux Portugais doit rester tout le mérite de la découverte, quel que soit le désir qu'on puisse avoir de le voir attribuer à la France, puisque la priorité des Portugais est établie d'une manière incontestable.

Belleforest, dans sa cosmographie imprimée à Paris, en 1575, dit textuellement en parlant du château fort de Mina : « Castel de Mina, place bâtie par les Portugais et tant renommée. »

Enfin M. Ritter dit dans sa géographie comparée de l'Afrique : « Les Portugais, les premiers, s'établirent sur ces côtes inconnues jusques alors ; après eux les Français, qui s'emparèrent de l'entrée du Sénégal, et enfin les Anglais. Lorsque les Anglais et les Français s'y établirent dans les siècles suivants, ils trouvèrent sur le Sénégal et surtout dans la Gambie, une énorme population portugaise et rencontrèrent même des mots portugais dans la langue du Bambouc, preuve de leur ancienne et vaste domination dans ces contrées. »

La mort de don Henrique le Navigateur fit passer les terres et les seigneuries qu'il possédait outre-mer à son neveu et fils adoptif Ferdinand.

Le roi Alphonse, quoique plus enclin aux expéditions militaires qu'aux excursions maritimes, avait cependant le grand désir de poursuivre l'œuvre si magnifiquement commencée par son oncle ; mais comprenant qu'il lui serait difficile, impossible peut-être, d'obéir aux derniers désirs de l'infant, il prit le sage parti d'affermer à Fernand Gomez le privilége du commerce avec l'Afrique, moyennant une redevance annuelle, et à la condition qu'il découvrirait cent lieues de côtes par année pendant cinq années. Le traité fut signé en 1469 et les deux parties contractantes n'eurent pas lieu de s'en repentir.

Les découvertes se succédèrent rapidement, toutefois le récit détaillé n'offrirait qu'une sorte de chronologie de faits à peu près semblables. La colonisation s'effectuait sur tous les points avec une grande facilité. Les Açores se peuplèrent, et partout où l'étendard portugais déroulait ses plis victorieux, la foi catholique s'implantait aussi, grâce au zèle des missionnaires dévoués qui s'embarquaient avec joie pour aller, en affrontant mille périls, porter le flambeau de la religion au milieu des tribus où l'idolâtrie et la superstition barbare avaient leurs autels. La propagation de la foi catholique dans ces régions fut un des heureux résultats des voyages des Portugais et en portant la civilisation chez des peuples sauvages ils préparaient pour l'avenir les conquêtes de l'Église.

Les Portugais furent les premiers Européens qui dessinèrent des cartes des côtes africaines, et il paraît hors de doute que l'infant don Henrique en encourageant toutes les expéditions maritimes avait surtout le dessein de découvrir la route des Indes en tournant l'Afrique. Et, en effet, chacune des découvertes nouvelles fut un pas vers cette route qui allait bientôt être connue.

Dans le portulan de Cristoforo Seligo de 1489, conservé à Venise, se trouvent plusieurs cartes d'Afrique sur lesquelles sont figurées les découvertes portugaises jusqu'aux terres situées sous la ligne équinoxiale; elles présentent la continuation de la côte jusqu'au 13e degré latitude sud.

« En effet, dit l'auteur des *Recherches*, après l'année 1471 les Portugais poursuivirent leurs découvertes dans cette partie du monde et les progrès qu'ils y firent se trouvent déjà consignés non-seulement dans les cartes de Seligo de 1489, mais encore dans la partie de l'Afrique du globe de Martin de Behain qui se conserve à Nuremberg. Ce globe est daté de 1492, c'est-à-dire qu'il est postérieur de vingt-et-un ans à la dernière carte de Benincasa. »

Dans cet intervalle les Portugais découvrirent tout le golfe de Guinée, le royaume de Benin, les iles de Fernando-do-Po, Corisco, Anno-Bom, San-Thome et Principe, fondèrent le château de Mina. Diego Cam explora le Zaïre et le royaume du Congo et arriva dans son second voyage jusqu'à 22 degrés de latitude australe. Nous verrons tout à l'heure le célèbre Barthélemy Diaz passer au delà du cap des Tourmentes et parvenir jusqu'au fleuve qu'il nomma de l'Infant, lequel se trouve sur la côte orientale de l'Afrique. Enfin, en 1487, Alphonse de Païva et Covilhan recueillaient d'autres renseignements au sujet de la côte orientale à partir de la mer Rouge.

Mais avant d'arriver à cette grande épopée de la conquête de l'Inde, il est bon de relever d'après la nomenclature de Martin de Behain les découvertes portugaises. Les voici dans leur ordre et leur orthographe :

Cabo Boxador.
Altos Montes.
Torre Darem (Torre d'Area ou Rio de Mandanela).
Gieso.
Bon (Rio d'Ouro).
Cabo do Barbaro.
Cabo do Barbaro (Cabo das Barbas).
San-Mathias.
Cabo Bianco.
Castel d'Arguim.
Rio de San-Johan.
Genea.
Le royaume de Burburan.
De Genea (Guinée).
Le royaume d'Organ.
Ponta da Tosia.
Os Medos.
Sancta in Monte.
Anteroti.
As Palmas.
Terra de Belzom.
Cabo de Cenega.
Rio de Cenega.
Rio de Melli.
Cabo Verde.
Rio de Iago.
Rio de Gambia.
Bogoba.
De Sagres.
Rio Grande.
Rio do Cristal.
Rio de Pichel.
Serra Lion.
Rio de Galinhas.
Rio de Camboas.
Rio de Forcial Borero (Rio de Arvoredo).
Rio da Palma.
Penedias.
Terra de Malaguet.
Cabo Corso.
Angra d'Angoa.
Rio de Santo-André.
Pontas das Redes.
Serra Morena.
Angra de Pouavaca.
Castel de l'Oro.
Reigate da Nave.
Olig de S.-Martinho.
Bon de Nao.
Rio de San-Johan-Baptista.
Tres Pontas.
Minera Quri.
Angra Tirin.
Villa Freinta.
Terra Bara.
Villa Longa.
Ripa.
Monte Razo.
Rio do Lago.
Rio dos Sclavos.
Rio da Forcada.
Rio dos Sclavos.
Rio da Forcada.
Rio dos Ramos.
Rio de Behemo.
Cavo Formoso.
Terra de Penedo.

Rio da Sieira.
Angra de Stefano.
Golfo de Grano.
Rio Boncero.
Cabo de las Marenas (Cabo de Santa-Clara).
Sera de San-Domenico.
Angra do Principe.
Alcazar.
Rio de Furna.
Angra da Bacca.
Terra d'Estreas.
Ins. San Thomé.
Rio de Santa-Maria.
Cabo de San-Catharina.
Cabo Gonzale.
Praca du Judeo.
Bahia Deseira.
Rio de Santo-André.
Cabo de Catharina.
Serra de Santo-Spirito.
Praia do Imperator.
Ponta de Bearo.
Angra de Santa-Marta.
Golfo de San-Nicolo.
Serra Coraso da Corte Real.
Golfo de Judeo.
Ponta Formoza.
Deserta d'Arena.
Ponta Bianca.
Golfo de S. Martinho.
Golfo das Alinadias.
Rio do Patron.
Rio Ponderoso.
Muorundo.
Rio da Madelena.
Angra e Rio de Fernando.
Ponta de Miguel.
Insule de Capre.
Cabo Delta.
Ponta Alta.
O Gracil.
Castel Pederozo de Santo-Agostinho.
Angra Manga.
Cabo de Liao.
O Rio Cesto.
Terra Fragosa.
Monte Nigro.
Lacanto.
Narbion.
Aginsenba.
Blassa.
Ricon.
Cabo Porrero.
Terra Agua.
Rio de Bethelem.
Pouarasoni.
Angra do Gatto.
Roca.
Rio de Hata.
Arenas.
San-Steffan.
Rio dos Montes.
Rio de Requiom.
Cabo Ledo.
Rio Tucunero.
Prom.
San-Bartholomeo Viego.

Toutes ces découvertes ne pouvaient manquer de développer les relations commerciales du Portugal, qui s'enrichissait sans cesse de nouveaux produits.

Barros rapporte que, dans l'année 1469, on avait donné à ferme à Fernand Gomez le commerce de l'ivoire, en exceptant toutefois la partie du continent africain située en face des îles du Cap-Vert, parce que le commerce de l'ivoire avec ce pays appartenait aux habitants de ces mêmes îles et à l'infant don Ferdinand.

Fernand Gomez fut si actif et si heureux dans ses découvertes et dans ce commerce, qu'en janvier 1471, il découvrit l'entrepôt du commerce de l'or, qu'on nomme aujourd'hui la Mina, et non-seulement il découvrit cet entrepôt, mais encore les navigateurs qu'il chargea de continuer les découvertes pour son compte, arrivèrent jusqu'au cap de Santa-Catharina qui est au delà du cap de Lopo Gonçalves, trente-sept lieues vers le deuxième degré et demi de latitude australe. Le roi Jean II accorda à Fernand Gomez des armoiries pour avoir été le premier qui découvrit la Mina en Guinée.

L'auteur de l'histoire générale de la marine a rendu justice aux grandes qualités du roi Jean, ce roi, « qui commande à tous et à qui personne ne commande, » suivant la réponse d'un courtisan à Charles VIII d'Angleterre.

Voici ce que dit cet historien : Jean II, successeur d'Alphonse V, marqua encore plus d'ardeur pour les découvertes. Ses conseillers le combattirent, mais ne réussirent qu'à augmenter ses désirs. Il envoya une flotte en Guinée, sous la conduite de Jacques Azambuyra qui y fit un établissement, et, après avoir échangé ses marchandises pour de l'or et de l'ivoire, retourna en Portugal.

Le désir de propager la foi comme aussi les appâts des richesses de l'Arabie et des Indes, excitèrent en même temps ce souverain à ouvrir le chemin de ces pays inconnus. Il fit travailler les plus habiles mathématiciens aux tables des latitudes, pour faciliter la navigation, et il équipa une flotte qu'il mit sous les ordres de Jacques Canus, homme d'un grand mérite.

Canus mit à la voile en 1484, suivit le littoral de l''Afrique, passa le cap Sainte-Catherine et arriva à l'embouchure du Zaïre, le fleuve le plus considérable du Congo, que les plus grands navires peuvent remonter jusqu'à quatre myriamètres. Il y dressa une colonne sur laquelle étaient gravées les armes du Portugal, et pénétra dans l'intérieur des terres pour les intérêts du commerce et pour la gloire de la religion.

Le roi Jean, qui avait toujours fort à cœur la découverte du chemin des Indes, fit partir une nouvelle flotte sous les ordres de Barthélemy Diaz, qui entreprit de pousser sa navigation au delà de celle de Canus.

Diaz était un homme d'une grande capacité, d'une fermeté inébranlable et d'un mérite à remplir avec honneur cette importante mission. Il prit la mer avec résolution, et laissa bientôt derrière lui les bornes des navigations précédentes. Il côtoya hardiment des rivages inconnus, s'avança jusqu'à la pointe d'un promontoire, le plus long et le plus dangereux qui soit dans l'univers, il le doubla et même s'élança au delà sans être effrayé par les terribles tempêtes dont il fut battu, ni intimidé par le soulèvement général de son équipage. Mais les vivres commençant à lui manquer, il reprit la route du Portugal, où il arriva après six mois de navigation.

En faisant au roi le récit de son voyage et la description du cap qu'il avait doublé, il le nomma le cap des Tourmentes, parce qu'il y règne toujours des vents impétueux, mais le roi, transporté de joie de cette heureuse découverte, l'appela le cap de Bonne-Espérance, parce qu'il lui fit espérer qu'on pencherait bientôt vers les Indes. Dans ce but, il fit construire des vaisseaux qui, par leur solidité et leur architecture, étaient en état de résister à tout et de se soutenir au milieu des plus grands périls, mais la mort surprit le prince au milieu de ses utiles projets.

La mort du roi Jean n'arrêta point l'essor des navigateurs portugais, mais à partir de cet événement on vit les grandes découvertes appartenir à l'Espagne comme au Portugal et l'ambition jalouse des deux nations trouva là un nouvel élément de discordes.

Le traité de Tordesillas, qui fut signé en 1494, avait pour but de mettre un terme à cette rivalité sans cesse renaissante, en précisant, d'une façon exacte, les limites absolues des possessions des deux pays; le pape avait accordé à l'Espagne la donation entière et définitive de tout ce qu'elle découvrirait aux Indes occidentales. Le traité de Tordesillas suivit cette donation qui menaçait fort les intérêts portugais. Par ce traité, une ligne fut tirée d'un pôle à l'autre sur la carte, et il fut convenu que toutes les terres situées à l'est appartiendraient au Portugal, et toutes celles à l'ouest seraient la propriété de l'Espagne.

Cette limitation allait devenir indispensable avec la découverte des Indes qui, bien que commencée sous le règne de Jean II, par Covilhan, ne fut véritablement opérée que sous celui d'Emmanuel-le-Fortuné, surnom bien mérité, quand on songe à la merveilleuse prospérité qu'acquit le Portugal pendant ce règne glorieux entre tous.

La gloire de la découverte des Indes appartient à d'autant plus juste titre au roi Emmanuel, que ce fut uniquement par suite de son initiative personnelle que cette entreprise fut résolue,

Lors de son avénement au trône, la plupart de ses conseillers l'engageaient à abandonner tout projet de conquête de ce côté, et ils firent tous leurs efforts pour le dissuader de suivre les errements de ses prédécesseurs. Ils mettaient en avant la difficulté de faire de nouvelles découvertes, le peu de profit qui en pourrait revenir. Ils faisaient ressortir les énormes dépenses que ces sortes d'expéditions entraînaient, le danger que couraient tous les braves marins qu'il y fallait employer et qui eussent été plus utiles en diverses entreprises plus directement importantes à l'Etat.

Le roi se montra sourd à toutes ces objections; son esprit élevé était au-dessus des mesquines considérations que faisaient valoir des gens timides qui envisageaient surtout les sacrifices nécessaires dans le présent, mais ne tenaient pas suffisamment compte de la fortune et de la grandeur que la réalisation de ces plans magnifiques offrait au Portugal dans un avenir assuré. Cependant les résultats déjà acquis, depuis le jour où don Henrique le Navigateur avait lancé la première embarcation vers les rivages inconnus, auraient dû suffire pour garantir ceux qu'on espérait encore.

Emmanuel n'ignorait pas que l'infant don Henrique et le roi Jean II avaient eu à combattre les mêmes raisonnements et à soutenir la même lutte contre une opposition opiniâtre. Il ne voulut donc point s'arrêter non plus aux scrupules de ses conseillers, se détermina à faire équiper une flotte et en donna le commandement à un gentilhomme de sa cour, Vasco de Gama, qu'il chargea spécialement de s'avancer dans la direction des Indes.

Vasco de Gama, qui devait si brillamment s'illustrer par l'accomplissement de cette mission, avait pris son frère pour second. Ils ne menèrent pas grand nombre de gens à ce coup, disent les chroniqueurs du temps, aussi la flottille ne compta-t-elle que quatre navires, l'un desquels n'était chargé que de vivres. En tout il n'y avait que cent soixante personnes, comptant soldats et matelots.

Le roi, avant leur départ, fit appeler Gama et les principaux officiers de la flotte. Il manifesta au jeune amiral toute la confiance qu'il avait en lui, l'encourageant, ainsi que ses compagnons, à supporter vaillamment les fatigues que devait entraîner un pareil voyage, et promettant à chacun de grandes récompenses si l'entreprise réussissait. Enfin il remit à Gama des lettres pour plusieurs rois ou chefs des contrées qu'il devait visiter, afin de faciliter les rapports que l'expédition avait pour but d'établir.

Après avoir prêté le serment de fidélité, Gama prit la mer le 9 juillet 1497. Favorisée par une bonne brise du Nord, la flotte fit voile pour les terres indiennes. Elle arriva en vue du cap de Bonne-Espérance le 20 novembre et le doubla le 25, puis après avoir tourné les proues vers le nord, les navigateurs allèrent jeter l'ancre le jour de Noel sur une côte d'Afrique à laquelle ils donnèrent le nom de terre de Natal.

Ce fut le commencement de cette superbe odyssée dont chaque page est un haut fait ou une conquête. D'abord on les voit aborder à l'île Mozambique et descendre ensuite à une petite île vis-à-vis qu'ils appelèrent île Saint-Georges, en attendant qu'ils se dirigeassent vers Calicut.

Cependant, dès le début, les plus grandes difficultés surgirent et l'expédition fut menacée d'une destruction complète. Les habitants de l'île Mozambique, qui avaient pris les Portugais pour des Sarrasins, se montrèrent remplis de bonnes dispositions à leur égard, mais quand ils s'aperçurent que c'étaient des Européens, ils tentèrent de les massacrer. Les Portugais ne durent leur salut qu'aux décharges d'artillerie que Vasco de Gama fit diriger contre les habitants de l'île et qui produisirent une telle épouvante sur l'esprit des Indiens qu'immédiatement ils firent leur soumission. Le gouverneur de Mozambique, représentant le roi de Quiloa, fit des excuses à Vasco de Gama et le conjura de ne pas user davantage de la foudre dont il disposait. L'amiral accepta les excuses, mais abrégea son séjour et fit voile vers le port de Montbaze, sur l'avis qui lui fut donné par un pilote, qu'il trouverait là des Européens en grand nombre.

C'était une trahison. Le pilote fit connaître aux habitants que la troupe de Gama, en touchant à Mozambique, avait tué et blessé tous ceux qu'elle avait pu atteindre et que, sans nul doute, elle se disposait à agir de même envers les habitants de Montbaze. Il fit savoir aussi que le meilleur moyen pour se rendre maître de ces étrangers, était de les laisser entrer dans le port et de les y capturer. Ce plan eût réussi sans doute, mais une agitation imprévue s'étant produite sur le bâtiment de Gama, le pilote et les habitants de l'île, qui étaient venus à bord, crurent que leurs projets étaient découverts, et se jetèrent immédiatement à la mer pour regagner le rivage.

Gama ne jugea pas prudent de débarquer en présence de dispositions pareilles, et il alla aborder à Mélinde où il fut reçu, lui et les siens, de la façon la plus amicale par le roi. Il profita des témoignages de bienveillance qui lui étaient offerts pour proposer un traité d'alliance et de commerce qui fut accepté. Le roi de Mélinde, après lui avoir fourni des vivres et un pilote pour le mener à Calicut, lui fit promettre de repasser à son retour, afin d'emmener un ambassadeur qu'il voulait envoyer au roi de Portugal, dans le but de ratifier et affermir l'alliance ébauchée.

Ces dispositions favorables prouvaient que déjà le nom portugais avait acquis une réputation qui, chaque jour, devait s'accroître et se répandre bientôt jusque dans les solitudes les plus profondes des contrées inconnues. Vasco de Gama quitta Mélinde dans les commencements de mai 1498, et arriva après vingt et un jours de navigation, en vue du port de Calicut, le plus important de l'Inde à cette époque.

« Voilà comment les Portugais, dit l'historien P. du Jarric, après tant de travaux et de dangers, découvrirent les Indes orientales, étant passés par le cap de Bonne-Espérance, exploit à la vérité autant admirable qu'aucun qui ait été fait, je ne dirai pas seulement de notre temps, mais même des siècles passés ; car j'admets qu'auparavant il y ait eu quelques navires (si nous ajoutons foi à Pline), lesquels, depuis le détroit de Gibraltar, ont vogué jusqu'à la mer Rouge et, au contraire, depuis ladite mer jusqu'à la côte d'Espagne. Toutefois, ç'a été une chose si rare, et pour telle comptée et estimée de tous, qu'on peut croire à bon droit que ç'a été plutôt par hasard et fortune que par conseil et propos délibéré. Mais cette navigation des Portugais a été entreprise tout exprès pour trouver ce nouveau passage, et a été conduite à telle perfection, qu'à présent ce voyage est si commun et si ordinaire qu'on ne fait presque plus de cas ni de la longueur, ni de la difficulté du chemin. A raison de quoi il me semble qu'ores que les Portugais méritent une louange immortelle de la postérité pour avoir trouvé ce passage inconnu pendant tant de siècles et que les plus entendus estimaient chose impossible. C'est toutefois à Dieu principalement que nous devons en rapporter la louange et l'action de grâces, puisque c'est lui qui leur a donné le courage et l'adresse pour en venir à bout. »

Vasco de Gama et ses compagnons furent reçus par le roi de Calicut avec tous les honneurs dus aux représentants d'une grande nation; malheureusement les Indiens ne conservèrent pas longtemps la considération qu'ils témoignèrent tout d'abord aux Portugais. Ce fut un peu la faute de Gama, qui ignorait sans doute encore que les peuples de l'Orient, enclins au faste de la représentation, n'accordent guère de valeur aux gens qu'en raison des dehors magnifiques qu'ils font paraître.

Le roi de Calicut espérait recevoir de Vasco de Gama des présents de la part du roi de Portugal et ne doutait nullement qu'un souverain, qui envoyait de pareilles expéditions à plus de mille lieues de ses États, ne fût un richissime monarque. Il s'attendait à être ébloui par la magnificence des cadeaux; il n'en fut rien. Des présents furent offerts à la vérité au nom du roi de Portugal, mais le monarque indien ne leur trouva pas une valeur suffisante, d'après l'idée qu'il s'était faite de l'importance du Portugal; et, par suite, cette importance diminua dans son esprit. Vasco de Gama devint immédiatement à ses yeux un personnage moins considérable. Lorsqu'il s'agit de conclure un traité, les prétentions du roi de Calicut s'elevèrent au delà du possible; des exigences déraisonnables se montrèrent. Vasco de Gama essaya de les combattre, et la discussion s'envenimant, on arriva promptement aux menaces.

L'intrépide Portugais ne s'illusionnait pas sur les dangers de sa situation; mais, en même temps, il comprit que s'il montrait de la faiblesse ou de la crainte, il était perdu. Il était sûr de ses hommes et il les savait capables de défendre vigoureusement leur liberté. Grâce à cette attitude et à quelques décharges d'artillerie, il parvint, lui et les siens, à se rembarquer, en emmenant six prisonniers, et le 29 août 1498, il reprit le chemin du Portugal. Assailli par une forte tempête, en vue du cap Vert, son vaisseau se trouva séparé des deux autres qui portaient ses soldats et, par suite de cette disparition, ce fut Nicolas Cœlho, commandant de l'un de ces deux navires, qui dut rendre compte au roi du succès de ce voyage.

Nul ne savait ce qu'était devenu Vasco de Gama: enfin on apprit qu'il avait abordé aux îles Açores où son frère succomba. Le 29 août 1499, il rentra en Portugal et reçut les félicitations du roi qui le nomma grand-amiral des mers de l'Inde et le fit comte de Vidigueyra, récompenses bien méritées par celui qui, le premier, avait planté l'étendard portugais sur le rivage indien.

S'il est incontestable que la découverte du passage des Indes mérite d'être signalée comme un fait extrêmement remarquable, ce qui le mérite bien plus encore, c'est la façon dont les Portugais surent, avec le secours de si peu d'hommes, établir leur autorité sur une si grande étendue de pays. Ce fut là ce qui, jadis comme aujourd'hui, causait l'étonnement de l'Europe.

« Le plus admirable de tout, disait un écrivain du XVIIe siècle, c'est de voir qu'une nation aussi éloignée des Indes que l'est le Portugal, le moindre pays qui soit presque en Europe, envoyant seulement quelque petit nombre de gens et de vaisseaux en ces quartiers-là, ait conquis tant de places, îles et cités, bâti tant de citadelles et forteresses, même les principaux ports de mer qui soient en Orient; bref, que les Portugais se soient rendus maîtres si absolus de la marine, que durant plusieurs années, il n'y ait eu païen ni mahométan qui osât faire voile avec assurance sur la mer Indienne sans avoir un passe-port ou sauf-conduit des Portugais.! »

En effet, une poignée d'hommes valeureux, aguerris, mais brisés par une longue et pénible navigation, à une distance prodigieuse de leur patrie, ne pouvant en espérer ni aide ni secours, sont parvenus à faire face à de nombreux ennemis qu'ils allèrent combattre chez eux, et à maintenir constamment leur domination et leur puissance sans perdre un pouce de terrain dans toutes les contrées où ils abordèrent.

Il ne faudrait pas croire cependant que les Indiens les laissaient s'implanter chez eux par peur ou par manque d'armes pour se défendre. Les nations de Calicut, de Cambodge se composaient d'hommes déterminés, belliqueux et parfaitement armés, mais en toute chose l'audace décuple la force, et les Indiens furent tellement stupéfaits de l'audace portugaise, que leur résistance fut paralysée quand ils virent ces intrépides marins débarquer sans crainte au milieu d'eux, s'y installer tranquillement, et se déclarer les maîtres du pays comme si c'était chose incontestable.

Ajoutons aussi que les Portugais, beaucoup plus habiles et plus adroits que les Espagnols, ne commettaient ni crimes ni excès. Du moment où ils étaient accueillis avec bienveillance, ils se gardaient bien de se conduire en ennemis. Des présents d'une main, un traité d'alliance de l'autre, ils firent sans cesse tous leurs efforts pour conquérir pacifiquement, et préférèrent toujours apporter dans les contrées qui se soumettaient à leur domination la prospérité que procure le commerce, à la ruine qu'amène forcément le règne de la terreur.

L'Europe bénéficia évidemment de cette façon de procéder. Grâce à la colonisation portugaise, toutes les denrées coloniales, toutes les marchandises du Levant, qui auparavant étaient obligées de passer par les mains des Turcs, des Egyptiens ou des Persans, devinrent l'objet d'un trafic régulier. Non-seulement toutes les nations européennes se trouvèrent abondamment pourvues, mais tous ceux qui firent le négoce purent s'y enrichir au lieu et place des Maures.

Ceux-ci ne tardèrent pas à s'apercevoir du coup terrible que le Portugal avait porté à leur commerce ; aussi, ils se hâtèrent d'offrir aux souverains de l'Inde de les servir en toutes occasions s'ils voulaient chasser les Portugais.

Les uns refusèrent ces propositions, d'autres les acceptèrent. De là il résulta de longues luttes qui se terminèrent, toutefois, à l'avantage des Portugais. Ils s'emparèrent successivement de plusieurs points et les occupèrent d'une façon définitive :

La ville d'Ormuz, située sur le détroit du golfe Persique ; confinant au levant avec la Perse et au couchant avec l'Arabie, c'était une place de la plus grande importance et dont la possession ruinait entièrement le commerce des Arabes ;

L'île de Diu, située sur l'embouchure du fleuve Indus, vers l'ouest, et qui passait pour une place inaccessible soit par mer, soit par terre ;

Malaca, considérée comme la clef de toutes les contrées du sud ;

Les Moluques et quelques autres îles d'où se tiraient les épices, la droguerie et un nombre considérable d'autres marchandises de consommation et de commerce usuel ;

Et, enfin, la ville de Goa, la plus importante du pays, à raison du concours et de l'affluence des marchands qui y abordaient de toutes parts et en faisaient le centre de commerce le plus considérable des Indes orientales. Entourée de fortes murailles, abondamment pourvue d'artillerie et de munitions de guerre de toutes sortes, elle était défendue par une garnison nombreuse et aguerrie, et placée sous le sceptre d'un certain Sabaïo qui prenait le titre de roi de Goa. Néanmoins, elle fut prise par le grand Albuquerque en 1510.

Revenons en arrière pour suivre l'ordre chronologique des faits. Le chemin des Indes étant désormais assuré, le roi Emmanuel voulut que les résultats du voyage de Vasco de Gama fussent de quelque profit pour le Portugal ; il fit armer une flotte composée de treize vaisseaux plus considérables que les premiers, et en donna le commandement à don Pedro Alvarès Cabral, qui s'était acquis la réputation d'un navigateur expérimenté. Cette flotte, destinée à une nouvelle traversée dans l'Inde, était montée par un nombreux équipage et abondamment fournie de tout ce que l'expérience navale jugeait nécessaire à cette époque pour les expéditions de long cours.

Cabral emmenait aussi avec lui d'habiles officiers, douze cents hommes de guerre pour repousser les hostilités dont il pourrait être l'objet, et bon nombre de moines franciscains pour convertir les nations orientales.

N'ignorant pas les difficultés et les retards que lui feraient sans doute éprouver auprès de la côte d'Afrique les vents et les courants contraires, le navigateur portugais résolut de maintenir sa course assez loin à l'ouest de ce continent, jusqu'à ce qu'il fût arrivé sous une latitude voisine de celle du cap de Bonne-Espérance. Ayant donc persévéré dans cette route au sud-ouest, il arriva que, par le dix-septième degré de latitude sud, il découvrit une terre à laquelle il donna le nom de Santa-Cruz.

C'était le Brésil !

Il en prit possession au nom de la couronne de Portugal. La croix qu'il éleva dans cette occasion sur le sol de la côte est encore soigneusement conservée. Cette découverte parut d'une telle importance à Cabral, qu'il envoya immédiatement un navire en Portugal afin de l'y annoncer, et quoique Vincent Yanez Pinzon eut visité la même côte quelques mois auparavant, la cour d'Espagne n'éleva aucune difficulté à ce que la souveraineté fût attribuée au Portugal.

Ainsi Cabral, avec une sagacité singulière, avait tout d'abord trouvé la route qui, encore aujourd'hui, est reconnue la meilleure pour arriver dans l'Inde.

Le succès qui avait signalé cette première partie du voyage ne devait pas se soutenir jusqu'au bout. En se rendant du Brésil au cap de Bonne-Espérance, la flotte eut à lutter contre les plus terribles orages. Pendant vingt jours consécutifs, des ouragans furieux et une mer déchaînée vinrent assaillir les malheureux navigateurs. Quatre navires sombrèrent sous le gros temps, et, parmi eux, celui que montait Bartholomé Diaz, l'intrépide marin qui avait découvert le cap de Bonne-Espérance.

Cabral demeura quelque temps à Mozambique pour y réparer les restes épars de sa flotte, puis il cingla vers l'Inde. Son armement, quoique réduit à six navires, était encore assez fort pour inspirer quelque terreur. Aussi fut-il accueilli avec égard et respect par tous les princes indigènes. Le zamorin de Calicut, ne pouvant plus méconnaître la puissance formidable des Portugais, s'efforça de faire oublier l'accueil équivoque qu'il avait fait quelques années auparavant à Vasco de Gama, et, dans ce but, il offrit à Cabral un palais dont les titres de propriété lui furent remis, tracés en lettres d'or. Il lui permit d'y placer les armes et le drapeau du Portugal, d'y installer un facteur ou un consul destiné à représenter cette nation et, enfin, d'y ouvrir des magasins pour l'achat des marchandises indigènes.

Du reste, ces témoignages d'amitié ne durèrent pas longtemps. Conea, qui était resté pour diriger cet établissement et cent cinquante Portugais environ laissés avec lui, voulurent traiter les naturels plutôt en conquérants qu'en négociants paisibles, et furent victimes d'un soulèvement populaire provoqué par leur imprudence.

Cabral avait fait voile pour Cochin, Ceylan et Cananor, recevant partout des assurances d'amitié de la part des gouverneurs de ces villes. Après avoir chargé ses vaisseaux de riches cargaisons, il partit pour le Portugal, emmenant avec lui des ambassadeurs envoyés par ces trois princes. Il doubla le cap sans difficulté et débarqua à Lisbonne au mois de juillet 1501.

Le roi Emmanuel, tout en se réjouissant de la nouvelle découverte, regrettait fort les pertes de l'expédition ; il ne vit d'abord dans le Brésil, sur le rapport qui lui en fut fait, que de vastes terrains improductifs. Bien que le sol brésilien ait été reconnu depuis d'une grande fertilité, il est encore couvert, même de nos jours, dans le bassin de l'Amazone surtout, de forêts vierges, ainsi que d'immenses *sertaos*, notamment dans les provinces de Fernambouc et de Ceara. On juge ce qu'il devait être à l'époque où il fut découvert. Cabral avait abordé à Porto Seguro ; c'était alors un pays désert.

Or, comme le Portugal était sans cesse dans l'obligation d'expédier ses meilleures troupes dans l'Inde pour affermir ses conquêtes, de prodiguer son or pour l'armement et l'équipement des flottes qui étaient continuellement en partance pour ces contrées lointaines, le prudent monarque jugea qu'il serait dangereux et imprudent de se priver des forces qui étaient indispensables d'un autre côté ; ignorant d'ailleurs les richesses que renfermait le Brésil, il décida qu'on en ferait d'abord un lieu de déportation pour les malfaiteurs. Ce furent ces premiers colons qui y introduisirent la culture du sucre.

Peu de temps après, cette nouvelle possession fut examinée plus sérieusement, et le Portugal pressentit alors les avantages qu'il en pouvait tirer en y établissant solidement sa domination. Dans ce but, le gouvernement accorda à la noblesse portugaise la propriété des terres dont elle pouvait faire la conquête. Beaucoup de gentilshommes vinrent y chercher fortune, chassèrent les indigènes et s'emparèrent ainsi d'une grande partie du pays.

Alors les idées de colonisation étaient encore à l'état rudimentaire. On ne tenait compte que de la grande superficie du terrain qu'on avait à soi, et on ne songeait pas que la véritable richesse d'une colonie consiste non pas dans une étendue considérable, mais bien dans le produit qu'elle peut fournir. Il arriva donc que bon nombre de ceux qui avaient sollicité et obtenu sans peine de la libéralité du roi d'importantes concessions ne tardèrent pas à s'apercevoir qu'il leur était impossible de les mettre en valeur.

En 1501, Jean de Nova fit un second voyage dans la mer de l'Inde. Il découvrit l'île de la Conception, située un peu en deçà de l'équateur, et fit voile ensuite juqu'à Mélinde, où il avait été envoyé par le roi Emmanuel qui l'avait chargé spécialement d'aller à la recherche de Cabral dont il était fort inquiet. A Mélinde, il apprit le retour de Cabral en Portugal et ses aventures ; tranquillisé sur ce point, il continua sa route jusqu'aux Indes et alla aborder au royaume de Cananor.

Le roi de Calicut, dit l'auteur de l'*Histoire générale de la marine,* toujours animé contre les Portugais qu'on lui avait dépeints avec des traits odieux, fit armer plus de quatre-vingts bâtiments pour envelopper la petite flotte de Jean de Nova. Celui-ci se défendit avec un courage qui jeta l'effroi parmi ses ennemis, remporta sur eux une victoire complète, et après avoir mis sur ses vaisseaux les plus riches marchandises, il partit pour Lisbonne chargé de trésors et couvert de lauriers.

Il découvrit sur sa route l'île de Sainte-Hélène, qui est située à 16 degrés de latitude méridionale, dans la grande mer d'Ethiopie, fort éloignée du continent et des autres îles. Elle est aussi utile que commode pour le ravitaillement des vaisseaux qui reviennent des Indes, et c'est pour cette raison qu'on l'appela « l'hôtellerie de la mer. »

Don Emmanuel, charmé des grands avantages qu'il tirait du commerce des Indes, y envoya une seconde fois Vasco de Gama avec une flotte de vingt vaisseaux, également pourvue de tout ce qui était nécessaire pour se faire aimer des Indiens ou pour s'en faire craindre. Il fit prendre les devants à Vincent Sodré, avec onze vaisseaux, et lui donna l'ordre d'attendre Gama à Mozambique.

Celui-ci, avec quatre bâtiments qu'il s'était réservés, prit la route de Sofala dans l'espoir de faire quelques découvertes. Certains auteurs avaient placé là Ophir, où Salomon envoyait ses vaisseaux, par la mer Rouge, et d'où il tirait une grande quantité d'or et d'ivoire.

Gama y perdit un bâtiment dans une recherche qui n'aboutit pas à un résultat important, puis il alla rejoindre Vincent Sodré, qui, en l'attendant, avait fait construire une caravelle, selon les ordres qu'il en avait reçus. Celle-ci fut le premier navire de ce genre qu'on eut employé dans la mer des Indes. Gama prit la route de Quiloa, où toute sa flotte se trouva rassemblée ; il fit aiguade au cap de Mélinde, dans un golfe où il fut porté par les vents, et prit ensuite le large pour gagner les Indes.

En approchant des terres il rencontra un grand vaisseau qui appartenait au Soudan d'Égypte et qui était bien armé et richement chargé ; il l'attaqua. Les infidèles se défendirent jusqu'au lendemain ; mais, malgré toute leur résistance, le vaisseau fut pris et l'équipage subit le sort de la guerre.

Arrivé aux Indes, Gama eut besoin de se tenir continuellement en garde contre les piéges que lui tendait le zamorin, roi de Calicut. Au contraire, les souverains de Cochin et de Cananor lui accordèrent leur amitié et lui donnèrent toutes facilités pour faire des achats dans leurs Etats.

Lorsque ses vaisseaux, richement chargés, furent prêts à partir, le roi de Calicut, pensant que la flotte de Gama aurait peine à se défendre à cause de sa charge, l'attaqua avec vingt-neuf bâtiments ; mais le général portugais combattit avec tant de valeur, dans cette occasion, que la flotte du monarque indien fut complétement défaite.

Gama, après cette victoire, pourvut aux besoins des nouvelles colonies, et laissa des vaisseaux et des troupes pour les protéger ; il partit ensuite pour l'Europe, et, après avoir essuyé une tempête au cap de Bonne-Espérance, il arriva à Lisbonne le premier jour du mois de septembre 1503.

Après le départ de Gama, la presqu'île de l'Inde fut cruellement déchirée par des guerres intestines ; le roi de Calicut livra plusieurs combats à ses voisins. Les Portugais prirent la défense de leurs alliés et leur aidèrent utilement à repousser les efforts de cet ennemi commun. Ils avaient aussi à se défendre contre la haine et les intrigues secrètes des Égyptiens qui faisant, antérieurement, presque tout le commerce des Indes, voyaient avec peine la concurrence qui s'élevait contre eux et, par suite, ne cherchaient que l'occasion de nuire aux Portugais et de s'en débarrasser.

Le roi de Portugal, pour affermir ses colonies naissantes, envoya aux Indes différentes flottes fortement armées.

Antoine Saldanha prit la route de l'Orient avec trois vaisseaux que la tempête lança dans des directions différentes.

Diègue Fernandez, qui commandait un de ces navires, découvrit l'île de Socotora.

Rui Lorenzo, qui en commandait un autre, prit terre à l'île de Zanzibar, et la rendit tributaire.

Saldanha de son côté fit de riches prises en mer, et vint à Montbaze qu'il força à payer tribut.

En 1504, Lopez Soarez d'Albergaria partit de Lisbonne avec treize vaisseaux, et fit route vers les Indes. A la hauteur de Cranganor il rencontra et mit en déroute la flotte du zamorin, composée de quatre-vingt-cinq voiles. Puis, il descendit à Cranganor, brûla la ville; ensuite il s'empara de dix-sept navires appartenant au roi de Calicut et chargés de richesses immenses, en brûlant ou coulant vingt flûtes armées qui leur servaient d'escorte. La perte des Indiens dans ce combat s'éleva à deux mille hommes. Celle des Portugais fut de quinze matelots ou soldats.

« Après des combats sérieux, dit un historien de l'époque, les monarques indiens reconnurent qu'il leur serait impossible de lutter contre la puissance des Portugais tant qu'ils agiraient isolément. Aussi se liguèrent-ils dans le but de les chasser.

« Le roi Emmanuel apprit cette ligue, mais ne s'en effraya point.

« Il chargea Don François d'Alméida, l'un de ses meilleurs généraux, d'en avoir raison, et lui donna le titre de vice-roi des Indes, avec une flotte de vingt-deux vaisseaux qui vinrent mouiller devant Quiloa. En vain le roi de cette île voulut-il s'opposer au débarquement, les Portugais renversèrent tout ce qui leur faisait obstacle et entrèrent dans la place. Après avoir châtié le monarque, ils allèrent à la rencontre de celui de Montbaze qui perdit quinze cents hommes et vit sa ville prise et brûlée. Onor subit à peu près le même sort.

« En même temps Laurent d'Alméida, fils du vice-roi, qui s'était embarqué sous ses ordres, tenait la campagne dans l'île de Ceylan. Il força le roi de Gale à payer un tribut, et, avec douze vaisseaux montés par douze cents hommes, il attaqua la flotte de Calicut, forte de deux cents voiles, la défit, coula dix vaisseaux à fond, en prit neuf et tua trois mille Indiens.

« Toutefois, il paya de sa vie une autre témérité. Il s'attaqua à l'armée entière du sultan de Babylone, et fut tué dans le combat, qui se termina à l'avantage des ennemis.

« Son père vengea sa mort par la prise de la ville de Dabul qu'il détruisit. La flotte du sultan et celle de Calicut et de Diu se joignirent pour l'envelopper et frapper un grand coup, mais il accepta le combat, battit les flottes combinées, les dispersa après avoir tué quatre mille soldats, et coulé à fond un très-grand nombre de bâtiments. »

M. Van Tenac, en rappelant les fastes de la marine portugaise, s'étend peu sur la première expédition que François d'Albuquerque et Alfonse, son frère, entreprirent; toutefois, il constate, d'accord avec les historiens du temps, qu'ils rassurèrent par leur présence les Portugais qui s'étaient établis dans l'Inde, et qui commençaient à craindre d'être obligés de l'abandonner. Ils rétablirent le roi de Cochin dans ses États, construisirent un fort dans la capitale, ainsi qu'aux îles Angédives, pour la sûreté du commerce; firent des alliances, obligèrent le roi de Calicut à accepter leurs conditions, et après avoir chargé leurs vaisseaux de marchandises, ils reprirent la route de Lisbonne, où la flotte arriva le 17 juillet 1504. Mais François et deux autres capitaines avaient disparu en route, sans que personne ait pu dire ce qu'ils étaient devenus.

Peu de temps après, le roi expédia une nouvelle flotte de dix-huit vaisseaux sous le commandement de Tristan d'Acunha et d'Alphonse Albuquerque. Ils firent sur leur route une descente dans l'île de Madagascar, pour connaître les mœurs de ses habitants et les productions du pays. Cette île avait été découverte le 1er février, par les vaisseaux qu'Alméida renvoyait en Europe.

Après un assez long voyage rempli d'aventures diverses, Tristan arriva aux Indes où sa présence et sa flotte étaient nécessaires pour relever le courage des Portugais qui, depuis quatre mois, avaient été continuellement aux prises avec le roi de Calicut. Il se distingua pendant son séjour par plusieurs belles actions, et reprit le chemin de sa patrie avec cinq vaisseaux.

Albuquerque resta aux Indes, où il fut presque constamment occupé à croiser, avec les vaisseaux dont il pouvait disposer, pour tenir en respect tout le pays situé aux environs des golfes Persique et Arabique. Il eut sans cesse les armes à la main; cette lutte fatigua beaucoup ses troupes, mais sans dompter leur énergie.

« Pendant ce temps-là, dit notre historien, Alméida avait de son côté de redoutables ennemis à combattre.

« Le roi de Calicut, soutenu de toutes les forces maritimes des Malabares et d'une multitude de vaisseaux turcs et égyptiens, lui livra plusieurs combats dont les résultats furent quelquefois douteux.

« Laurent Alméida, fils du vice-roi, était allé croiser dans les Maldives avec neuf vaisseaux pour attendre les Turcs qui venaient des Moluques. En naviguant dans ces mers inexplorées il fut conduit par le hasard sur l'île de Ceylan, qui était tout à fait inconnue aux Portugais, et il fut le premier de sa nation à signaler cette île, si abondante en pierres précieuses et en aromates. Il en prit possession au nom du roi de Portugal, et y fit dresser une colonne de marbre sur laquelle étaient gravées les armes de ce souverain. En quittant Ceylan, il rencontra et attaqua une puissante flotte égyptienne qui allait au secours du roi de

Calicut, mais il y perdit la vie après avoir donné la preuve d'une éclatante valeur.

« François Alméida reçut en grand homme la nouvelle de la mort de son fils si brave, mais il se prépara en même temps à le venger. Il assembla une flotte de dix-neuf vaisseaux et alla trouver les ennemis, qui jouissaient paisiblement du fruit de leur victoire. Quoique leurs forces fussent supérieures aux siennes, leur armée étant de plus de cent navires, il leur livra bataille avec une fermeté qui les ébranla. Il coula, prit ou brûla la plus grande partie de leurs vaisseaux. »

On voit, par les deux citations qui précèdent, que les dates de ces diverses expéditions et le second départ d'Albuquerque ne concordent pas parfaitement, et nous les avons rapportées pour montrer combien il est facile de confondre les événements qui se passèrent dans cette partie du monde, en nombre si considérable que Lopez de Castanneda ne consacra pas moins de huit volumes à leur relation.

Aussi serons-nous sobre de détails quand il s'agira de mentionner ces voyages incessants qui assurèrent au Portugal la domination de l'Inde, et ces combats sans cesse renaissants entre les vainqueurs et des peuplades indigènes répandues sur une étendue de douze cents lieues de côtes, et dont l'esprit turbulent était une source continuelle de périls pour les Européens.

Alméida gouverna pendant quatre ans les Indes;

puis, désireux de revoir le Portugal, il s'embarqua pour la métropole. S'étant arrêté au cap de Bonne-Espérance pour y faire de l'eau et prendre quelques provisions fraîches, les gens de l'équipage se prirent de querelle avec les Cafres ; une collision s'ensuivit ; Alméida se dirigea immédiatement sur le lieu de la lutte et fut atteint mortellement. Ainsi, ce grand homme qui avait si résolument, en maintes circonstances, exposé sa vie pour son pays, mourut obscurément, au moment où il s'en retournait dans sa patrie couvert de gloire.

Alphonse Albuquerque succéda à Alméida dans la vice-royauté des Indes, et ce fut véritablement à partir de ce moment que le Portugal put tirer de cette colonie le parti qu'on sait.

Pour signaler son élévation, il commença par déclarer la guerre au roi de Calicut, qui avait toujours été secrètement hostile au Portugal, et auquel il voulait donner une leçon, ainsi qu'aux autres rois indiens qui seraient tentés de l'imiter.

Ayant reçu un renfort de trois mille soldats et de quinze vaisseaux, il plaça ces forces sous le commandement de Ferdinand Cotin, qui possédait toute sa confiance. Avec ces troupes, celui-ci entreprit le siége de la ville et attaqua la citadelle, qui était située à l'entrée du port. Cette entreprise eut un résultat défavorable et Cotin y trouva la mort ; mais Albuquerque n'était pas homme à se laisser ébranler par un échec passager, et il le prouva en terrassant l'ennemi.

Pour assurer la grandeur et la puissance de son pays, Albuquerque employa tous ses efforts à fermer aux Vénitiens et aux Sarrasins le chemin commercial des Indes par l'Égypte. A cet effet, il pénétra dans le golfe Persique, s'empara de l'île de Socotora, et somma le roi de l'île d'Ormuz de se soumettre au Portugal. Calajate, ville dépendante de ce royaume, se soumit, mais Curcate, Mascate et Orfazan se défendirent, elles furent prises et pillées.

Zeisadin, roi d'Ormuz, feignit d'abord d'entrer en négociations, mais ce fut pour se donner le temps de rassembler des forces. Dès qu'il eut levé des troupes et équipé une flotte, il refusa hautement l'acte de soumission qu'on lui demandait. Albuquerque battit complétement sa flotte; après un combat des plus sanglants, Zeisadin consentit alors à se rendre tributaire du Portugal, et livra au vainqueur une place pour y bâtir une forteresse. Toutefois, sa soumission fut de courte durée.

Albuquerque revint donc de nouveau mettre le siége devant Ormuz, mais trois de ses principaux officiers : Manuel Tello, Alphonse Lopez de Corta, et Antoine de Camp, le déterminèrent à abandonner cette entreprise. Il revint alors vers Socotora, puis enfin, après avoir croisé quelque temps dans le golfe d'Ormuz, il partit pour les Indes et arriva à Cananor le 15 novembre 1508.

Alméida avait eu un système de colonisation

différent, et qui consistait à protéger, par la destruction des flottes musulmanes, le commerce naissant des Portugais.

Albuquerque portait ses vues plus loin et songeait à jeter les fondements d'un empire qui s'étendrait du golfe Persique à la Chersonèse-d'Or des anciens et dont Goa serait la place d'armes et la capitale. Ce fut dans ce but qu'il arma une troupe importante, et s'approcha de cette ville avec vingt et un vaisseaux et un grand appareil de guerre. A la vue d'un si redoutable déploiement de forces, les habitants de Goa, épouvantés, prirent la fuite et Albuquerque put s'emparer de la ville, où il entra en vainqueur le 7 février 1510.

Dans cette circonstance, il justifia ce jugement porté sur lui par un de ses biographes : « Albuquerque eut de hautes qualités qui ne furent pas uniquement celles d'un général d'armée; il était loyal et actif, aussi grand administrateur que vaillant guerrier, aussi gigantesque dans ses projets qu'habile à les exécuter. Il sut reconstruire, après avoir renversé; ce fut plus qu'un conquérant, ce fut un fondateur. »

En effet, lorsqu'après la prise de Goa les habitants se furent enfuis, loin d'user de moyens violents et de chercher à les faire rentrer en affichant des châtiments pour quiconque refuserait d'obéir, il ne voulut avoir recours qu'à la douceur et à la persuasion; il rappela, par ses bienfaits, les habitants fugitifs, et s'efforça de les gagner par les marques de générosité et de mansuétude qu'il leur donna.

Cette conduite ne put réussir à lui assurer la possession de Goa ; les habitants supportaient impatiemment une domination étrangère et mirent tout en œuvre pour s'y soustraire. Ils employèrent la ruse et la perfidie, et ne tenant aucun compte des procédés humains que le vainqueur avait eus pour eux, ils entreprirent de massacrer tous les Portugais qui occupaient la ville. Sous le commandement d'Idalcan, fils de leur précédent roi, ils se soulevèrent et contraignirent les Portugais à se retirer vers Cananor, après s'être vaillamment défendus.

Albuquerque, averti de ces événements, ne perdit pas de temps, il fit équiper une flotte composée de tous les vaisseaux qu'il possédait, assembla tous les Portugais qui se trouvaient dans ces contrées, fondit impétueusement sur la ville, s'en empara de nouveau et donna l'ordre de passer au fil de l'épée tous les habitants. Ceux-ci vinrent se jeter à ses pieds et implorer leur pardon en jurant que désormais ils demeureraient fidèles à leur nouveau maître. L'avenir prouva que cette fois ils étaient sincères.

Idalcan, après avoir perdu une partie de ses troupes, se vit obligé de céder à Albuquerque les îles de Goa, de Choran, de Divar et tout le territoire de Salsète.

Sur ces entrefaites, un officier de grand mérite, Jacques Mendez de Vasconcellos, vint se joindre au vice-roi avec cinq vaisseaux nouvellement envoyés de Portugal ; ce renfort arriva fort à propos pour faire respecter l'autorité supérieure par les officiers dont plusieurs s'étaient mutinés et pour rétablir la discipline parmi les troupes.

Albuquerque put retourner à Cananor, d'où il repartit bientôt avec sa flotte pour faire redouter les armes portugaises le long des côtes des royaumes de Cochin et de Calicut, où il s'empara de plusieurs postes considérables.

En 1511, il tenta de nouvelles entreprises qui amenèrent de nouvelles conquêtes ; il débarqua dans l'île de Malaca, culbuta les forces qui lui étaient opposées et obligea les habitants à se soumettre à la domination portugaise. Cette expédition aussi glorieuse que rapide fit trembler les rois d'Orient. Ceux de Siam, de Sumatra, s'empressèrent d'envoyer féliciter le vice-roi sur le succès de ses armes et de lui demander sa protection.

Cependant Idalcan profita de nouveau de l'éloignement d'Albuquerque pour tâcher de chasser les Portugais de Goa, dont la reprise lui tenait fort à cœur.

Rebel, gouverneur de cette ville, commit l'imprudence de se jeter lui-même au-devant du piége que lui tendit l'ennemi et il y périt en compagnie de Manuel d'Acunha; mais Vasconcellos vint au secours de la ville menacée et sut la défendre par sa prudence et son activité, malgré toutes les embûches semées sous ses pas.

Nous n'entreprendrons pas de mentionner ici toutes les séditions qu'Albuquerque fut obligé de réprimer, on devine aisément combien la pacification de si vastes territoires fut laborieuse et pénible.

Nous voyons dans l'histoire du Portugal de Schaefer que, dans cette même année 1511, un négociant de Malaca, du nom d'Uteti-Muteraya, forma une conspiration contre les Portugais, fut découvert et eut la tête tranchée; Patecater, autre marchand très-riche, épris d'une fille d'Uteti, voulut à son instigation tirer vengeance d'Albuquerque et fut lui-même arrêté.

L'année suivante 1512, Albuquerque fut obligé de se rendre à Cochin pour réprimer la licence dans laquelle vivaient les Portugais, enivrés du succès de leurs armes et qui se livraient à des excès bien difficiles à empêcher.

Patecater, échappé de sa prison, profita des mécontentements qui en résultèrent pour former un parti sérieux composé de ceux qui s'accommodaient mal de la vie calme et réglée qu'Albuquerque voulait imposer aux colons ; mais toute la partie saine de la population portugaise ayant pris les armes, force fut à Patecater de fuir avec sa famille dans l'île de Java. Néanmoins, ces sourdes menées ravivaient l'espoir d'Idalcan, et il fit encore de nouveaux efforts pour reconquérir Goa, mais il ne réussit qu'à éprouver une fois de plus la supériorité des armes portugaises.

Albuquerque, surveillant avec le même soin toutes les possessions placées sous son autorité, arma une flotte pour aller soumettre Terunca, roi d'Ormuz, qui avait fait acte d'hostilité envers lui. Il fit savoir à ce monarque qu'outre le tribut auquel il était assujetti envers le Portugal, il voulait encore, pour répondre de sa fidélité, faire bâtir dans la ville une citadelle ainsi que des maisons pour les marchands portugais.

Hamed, favori de ce prince et l'appui de sa couronne, s'opposa énergiquement à cette entreprise, mais Albuquerque le fit enlever et le condamna à avoir la tête tranchée. Sa mort assura la soumission et le calme. Terunca fournit sans murmurer tous les matériaux nécessaires à la construction de la forteresse, où l'on mit une bonne garnison et toute l'artillerie qui était dans la ville ; de plus, trente princes de la race royale furent conduits à Goa.

Vers cette même époque, Albuquerque reçut à Ormuz une ambassade du Sophi de Perse pour le féliciter de ses conquêtes. Néanmoins, ces victoires successives ne rendaient pas encore les Portugais possesseurs paisibles des pays conquis ; obligés sans cesse de veiller à la conservation de ce qui était tombé entre leurs mains, la moindre imprudence pouvait leur faire perdre le fruit de tant de combats et de fatigues.

Toutefois les peuples et les princes de l'Orient, pénétrés de respect pour le grand Albuquerque, restèrent soumis à son autorité et le tinrent en si haute estime, qu'à sa mort, survenue en 1515, les rois de l'Inde le pleurèrent, suprême hommage rendu aux sentiments de justice, d'humanité et de désintéressement dont il fut toujours animé, et qui lui ont fait donner par ses contemporains le nom de Grand.

C'est ici qu'il convient de placer le redressement d'une erreur généralement accréditée. On prétend que le roi Emmanuel, trompé par des rapports mensongers qui lui avaient été faits par des courtisans jaloux de l'autorité et de la réputation d'Albuquerque, avait cru que le vice-roi nourrissait le projet de se rendre indépendant et l'avait par suite destitué pour nommer à sa place Don Lopez-Suares Alverenga.

Le sage monarque, a dit avec raison un historien contemporain, savait trop que le conquérant des Indes était un loyal serviteur pour croire, ainsi qu'on tenta de le lui persuader, qu'il voulait se rendre indépendant de la métropole. Ce qui le prouve, c'est une lettre qu'Albuquerque ne reçut pas par suite d'un retard imprévu, mais qui était écrite de la main du roi et qui l'investissait du titre de gouverneur suprême de l'Inde en lui donnant une autorité et une prééminence incontestable.

Le monarque mandait à son illustre représentant de ne pas prendre en mauvaise part la division qu'il avait faite du gouvernement et terminait en rendant justice de la façon la plus éclatante au mérite du vice-roi.

Il faut donc attribuer uniquement à un fâcheux retard la douleur que ressentit Albuquerque, en se croyant disgracié, et n'en pas rendre responsable la mémoire d'Emmanuel.

Alphonse Albuquerque fonda l'empire des Portugais dans les Indes, il porta la gloire de leur nom jusqu'aux extrémités de la terre, soumit à la domination de son roi toute la côte de la mer des Indes depuis le fleuve Indus jusqu'au cap de Comorin, découvrit plusieurs îles, assujettit Malaca, conquit le royaume d'Ormuz et soutint l'effort d'une multitude d'ennemis puissants.

Emmanuel rendit justice aux vertus de ce grand homme, et les regrets qu'il manifesta lorsqu'il le perdit prouvent en quelle estime il le tenait.

En 1517 eut lieu un fait important au point de vue des relations extérieures du Portugal. Ferdinand Perez d'Andrade avait abordé en Chine avec huit vaisseaux, il lui fut permis d'entrer dans le port de Canton avec deux de ses bâtiments, et il s'en suivit un traité d'alliance et de commerce entre le Portugal et la Chine.

Vers la même époque, un capitaine du nom d'Abreu alla avec quelques vaisseaux à la découverte des Moluques. Après quelque temps de navigation il aborda à l'île de Java et ensuite à celle de Banda. Une tempête dispersa sa flotte et jeta un de ses vaisseaux, commandé par Serran, sur les îles Lucopines où ce vaisseau se brisa contre un rocher.

Serran et tous les hommes de l'équipage se sauvèrent à terre avec leurs armes. Des pirates infestaient ces côtes ; les Portugais échappés aux dangers de la mer eurent à se défendre contre ceux de la guerre ou plutôt du brigandage. Cachés en embuscade, ils voient une bande de ces corsaires qui descend et se jette dans l'île pour les attaquer. Serran profite du moment où les brigands sont éloignés du rivage, il s'élance avec ses marins et s'empare de leurs vaisseaux. L'île était déserte ; les pirates, exposés à périr de faim et de misère, supplièrent les Portugais de leur faire grâce et de les recevoir, promettant de les conduire dans une île voisine où ils trouveraient ce qui leur était nécessaire et d'où ils pourraient gagner le continent.

Serran les admit à bord et ils le conduisirent effectivement dans l'île d'Amboise où les habitants de Ruentes les reçurent avec humanité. Les Portugais, par reconnaissance, aidèrent ce peuple contre une nation voisine son ennemie.

Au bruit des exploits des Portugais, Boleife, roi de Ternate, une des îles Moluques, envoie des ambassadeurs à Serran et l'invite à venir à sa cour.

Boleife était en guerre contre Almanzor, roi de Tidore ; mais ce dernier, redoutant les Portugais qui devaient soutenir son ennemi, demanda la paix, et pour la cimenter, il offrit à Boleife sa fille en mariage. Ce mariage se fit. Le roi de Tidore chargea ses bienfaiteurs de présents, et pour leur donner des marques plus certaines de sa reconnaissance, il les engagea à rester dans son île et à y bâtir une forteresse.

Ils y étaient invités par l'espérance d'un commerce lucratif tel que celui du girofle et de la noix muscade, mais les Sarrasins, appréhendant la perte de leur crédit dans les Moluques par la concurrence des Portugais, empoisonnèrent le roi qui les protégeait. Ce souverain recommanda en mourant à la reine de conserver soigneusement l'alliance des Portugais.

En 1520, Antoine Correa se dirigea vers le Pégu afin d'y tenter des découvertes. Il aborda à Martabas, ville maritime de ce royaume, où se trouvent en abondance l'or, les pierres précieuses, les bois de senteur, les fruits et grains de toute espèce. Il conclut un traité d'alliance avec le roi de Pégu qui permit aux Portugais de commercer librement dans ses États, et après avoir fait charger ses vaisseaux de marchandises précieuses, il retourna à Malaca.

Tandis qu'il accomplissait cette expédition, un soulèvement eut lieu dans le royaume de Pacen, situé dans l'île de Sumatra; un seigneur du pays, à la tête de quelques révoltés, avait fait mettre à mort le souverain de l'île et massacrer la plupart des Portugais résidants. Don Garcie de Sala, gouverneur de Malaca, fit armer un vaisseau et envoya Manuel Pacheco avec ordre de croiser aux environs de Pacen pour empêcher les vivres d'y aborder.

Pacheco, tenant depuis longtemps la mer, manqua d'eau fraîche et envoya cinq hommes sur un esquif pour s'en procurer. Ils furent attaqués par trois embarcations commandées par un capitaine javais. L'action fut vive. Les cinq Portugais vinrent à l'abordage dans la fuste montée par le capitaine et ils attaquèrent avec tant de vivacité et de fureur leurs ennemis, qu'ils en tuèrent plusieurs et forcèrent les autres à se sauver dans deux fustes où ils se jetèrent avec précipitation. Ce coup de vigueur, où la valeur avait si brillamment triomphé du nombre, effraya tellement le roi de Pacen qu'il demanda la paix aux Portugais sous les conditions qu'ils voulurent lui imposer.

Le roi de Buitane avait donné quelques marques d'hostilité qui déterminèrent don Garcie de Sala à diriger des troupes contre lui. Antoine Correa fut chargé de cette expédition; il attaqua d'abord une forteresse que le roi occupait sur le fleuve Muar, s'en rendit maître et y mit garnison. De là il se dirigea vers la ville de Padez, défit l'armée qui voulait l'empêcher de débarquer, entra dans la ville, la saccagea et fit mettre le feu à plus de cent vaisseaux qui étaient dans le port de cette place. Le roi de Buitane fut obligé de se tenir enfermé dans sa capitale.

La reine de Coulam avait formé le projet d'exterminer les Portugais et les chrétiens qui étaient dans ses États. Liguée avec une autre reine, elles parvinrent à mettre sur pied une armée assez nombreuse et entreprirent le siége de la citadelle dont les Portugais étaient maîtres. Le gouverneur Hector Roderic fit avertir Alexis Menezès, gouverneur de Cochin, de la situation dans laquelle il se trouvait. Des secours lui furent envoyés qui forcèrent les deux reines à demander la paix.

Malgré toutes ces agitations, la colonisation prenait chaque jour plus de développement, et quand Emmanuel le Fortuné vint à mourir, en 1521, les colonies portugaises étaient dans l'état le plus florissant et le plus prospère.

Pendant les vingt-six ans que dura son règne, Emmanuel avait envoyé régulièrement chaque année une flotte de treize vaisseaux dans les Indes, et chaque fois ces vaisseaux revenaient chargés de richesses inestimables.

Non content de faire sillonner par ses flottes les mers de l'Asie, des Indes, de l'Arabie, de l'Ethiopie et l'Atlantique, et de se rendre maître de leurs côtes, il voulut encore conquérir en personne l'Afrique. Il avait rempli de vaisseaux le havre de Lisbonne et avait rassemblé, pour les monter, vingt-cinq mille hommes aguerris. L'expédition fut arrêtée par suite des remontrances du Pape qui, pour en détourner le roi, lui demanda quatre mille hommes et trente vaisseaux pour secourir les Vénitiens contre les attaques des Turcs.

Si Emmanuel ne passa pas en Afrique, il y fit néanmoins des conquêtes considérables. Don Diégo d'Azambuja, l'un de ses meilleurs généraux, prit, sans perdre un seul homme, la ville de Zafin, située dans la province de Daduccala, sur l'Atlantique. Cette ville riche, fortement défendue, avait une grande importance puisqu'elle renfermait dans son territoire une population de plus de cinquante mille hommes.

Jean de Menezès, à la tête d'une expédition peu nombreuse, fonda les ports d'Azamor, de Mamora, de Cale et de Larache. Devant Azamor il fit subir un échec aux indigènes et leur tua mille ou douze cents hommes. Quelque temps auparavant il avait fait des excursions jusques aux portes des places situées dans l'intérieur des terres, et toutes avaient été couronnées de succès.

François Pertana passa au fil de l'épée ou fit prisonniers un grand nombre de Maures des environs d'Arzile.

Nuno Fernandez eut aussi à combattre les Maures, il s'empara d'une partie importante de leur territoire, soutint le siége de Zafin, battit les assiégeants qui avaient tenté de reprendre la ville sur les Portugais, et soumit toute la contrée. Il défit en pleine campagne le roi de Maroc, le mit en fuite, s'empara de la reine et du pavillon de l'État.

Edouard de Menezès, gouverneur de Tanger, résista à tous les efforts du roi de Fez qui assiégeait la place avec une puissante armée. Deux des plus habiles chefs de l'armée africaine étaient venus attaquer Tanger. Edouard de Menezès les battit, leur tua plus de mille soldats, bien qu'il commandât à cinq cents hommes à peine, qui tous s'enrichirent de la dépouille des vaincus.

Lope Bariga, qui joignait à la bravoure ordinaire des Portugais une audace peu commune, attaqua avec trente cavaliers une armée entière du roi de Maroc, la mit en désordre, tua d'un coup d'épée un scheik qui désolait les côtes, et auquel il avait déjà tué quatre cents hommes dans une précédente rencontre.

Le duc de Bragance passa en Afrique avec une puissante flotte, sur laquelle étaient douze cents chevaux pour le débarquement, et dix-sept mille hommes d'infanterie dont quatre mille lui appartenaient en propre et étaient entretenus à ses dépens.

Il alla mettre le siége devant Azamor, place forte, admirablement défendue par le Cid Mançor, l'un des plus vaillants soutiens de la puissance de Muley-Hassim qui, lui-même, tenait la campagne avec des troupes nombreuses. Tout paraissait disposé pour une défense vigoureuse et une lutte énergique, mais le Cid Mançor ayant été tué, les Maures abandonnèrent la place dont le duc se rendit maître.

Le bruit de cette victoire jeta une telle consternation dans l'esprit des habitants de Titte et d'Almedine, qu'ils se hâtèrent de prendre la fuite. Le duc en profita pour entrer dans les deux villes, dont il prit possession, et il y laissa une forte garnison destinée à les peupler ainsi qu'à les défendre.

Le comte d'Alcoutin, gouverneur de Ceuta, à la tête de cent quarante lances, battit deux cents cavaliers africains, et, avec les mêmes troupes, il attaqua ensuite dix mille Maures commandés par les deux fils d'Almocaden, roi de Fez.

Jean Coutinho, gouverneur d'Arzile, battit aussi un parti considérable des troupes du même roi.

Diegue Lopez, suivi de vingt cavaliers portugais et de quatre cents maures tributaires, porta le fer et le feu jusqu'aux portes du Maroc.

Alvarez de Noronha jeta la terreur aux environs d'Azamor, prit par escalade les villes d'Umbrete et de Siner et se rendit maître de plusieurs autres places des environs.

Ainsi qu'on le voit, tout ce règne ne fut qu'une longue suite de victoiresdans l'Afrique aussi bien que dans les Indes.

Le besoin d'une autorité forte et vigoureuse commençait cependant à devenir une nécessité dans les colonies Indiennes. Si nous jetons les yeux sur l'histoire du Portugal, voici comment est dépeinte la situation en l'année 1523 :

Les habitants de Calicut insultent les Portugais et les poursuivent jusque dans le port de Cochin. Edouard de Menezès, vice-roi des Indes, n'arrêtant point ce brigandage, son indifférence enhardit plusieurs autres peuples à se soulever.

Le roi de Dachem attaque la citadelle de Pacen dont il se rend maître. Les royaumes de Pacen et de Daru tombent bientôt au pouvoir du vainqueur. Les rois détrônés sont obligés de se sauver à Malaca.

Le roi de Bintam reprend aussi les armes ; il envoie Laqueximène, son général, avec des vaisseaux pour insulter Malaca. Georges d'Albuquerque, gouverneur de cette place, veut prévenir les Indiens, il met des vaisseaux en mer pour aller à leur rencontre. Une tempête horrible disperse la flotte des Portugais. Laqueximène surprend les vaisseaux dispersés par l'orage, les attaque l'un après l'autre et en triomphe facilement.

Ce succès engage le roi de Bintam à suivre son projet contre Malaca. Il se ligue avec le roi de Pacen et l'engage à exterminer les Portugais qui étaient dans son port. Plusieurs sont massacrés, mais Antoine Brito et Sanche Henriquès, ayant réuni leurs concitoyens, repoussent vigoureusement les ennemis, montent sur leurs vaisseaux et fuient à Malaca.

Cependant le roi de Bintam met sur pied une armée de vingt mille hommes dont il donne le commandement à Avelar, portugais renégat, avec ordre d'assiéger cette ville par terre tandis que Laqueximène l'attaquerait par mer.

Le gouverneur de Malaca fait avec la garnison une vive sortie, dans laquelle il disperse les Indiens, en massacre un grand nombre et oblige l'armée à se retirer.

Le gouverneur envoie aussitôt Alphonse de Sousa se poster à l'entrée du port de Bintam pour empêcher toute communication avec la ville. La famine s'y fit bientôt sentir ; les habitants, chassés par le besoin, furent obligés de se répandre dans les campagnes où ils furent atteints par les poursuites des Portugais.

Sousa tira une vengeance plus terrible du roi de Pacen. Il pénétra de vive force dans le port, brûla les vaisseaux qu'il y trouva, égorgea six mille Maures, emmena un plus grand nombre de captifs et assiégea Patane, où, s'étant saisi du roi de Pacen, il le fit brûler dans les joncs. Témoins de cette cruauté, les habitants de la ville s'enfuirent épouvantés dans les montagnes voisines. Sousa descendit à terre et ruina la place de fond en comble, laissant ainsi des traces durables de sa vengeance.

Les Indiens, pleins d'effroi, n'osèrent de longtemps faire des entreprises sur Malaca.

Le roi de Tidore, fatigué par les luttes qu'il avait à soutenir contre les Portugais, rechercha leur alliance et demanda la paix, offrant une somme considérable en tribut. Antoine Breto refusa ces offres et fit mettre à mort deux cents Tidoriens qu'il avait pris. Cette exécution sanglante porta la terreur dans les Moluques, tous les souverains de ces îles et des environs s'empressèrent de se mettre sous la protection des Portugais.

L'occupation des Moluques excita des contestations entre l'Espagne et le Portugal. L'Espagne prétendit que ces îles se trouvaient dans la partie du nouveau monde qui lui appartenait, suivant le partage fait par le pape Adrien VI. On nomma de part et d'autre des géographes pour arbitres, mais ils ne purent s'accorder. Enfin, Charles V, qui avait besoin de secours d'argent, céda ses prétentions pour un million de ducats.

Édouard de Menezès, dernier vice-roi des Indes, nommé par Emmanuel, était d'un caractère faible et timide. Bien qu'il eut par sa bravoure et ses qualités militaires remporté d'importants succès sur les indiens d'Ormuz qui s'étaient révoltés et qu'il eut battu les Maures, il avait néanmoins laissé décroître l'autorité du Portugal sur les peuplades barbares. C'est pourquoi le roi Jean III, successeur d'Emmanuel, le releva de ses fonctions. Afin de rétablir sûrement dans ces contrées le prestige de sa nation, il lui donna pour successeur, en 1524, le célèbre Vasco de Gama, qui avait le premier pénétré dans les Indes et y avait fondé la puissance du Portugal.

Il partit avec quatorze vaisseaux. Comme il était fort avancé en âge, le roi désigna, pour l'accompagner, Henri de Menezès, Pierre de Mascarenhas et Lopez de Sampayo, en les substituant l'un à l'autre pour succéder dans les fonctions de vice-roi.

La présence de Gama suffit pour rétablir l'ordre et la tranquillité; on connaissait son courage, son exactitude, sa justice. Il se fit craindre autant que respecter des Indiens. Il envoya don Jérôme de Sousa donner la chasse aux pirates de la côte de Malabar. Les habitants de Calicut n'osèrent plus continuer leurs brigandages.

Gama, accablé d'infirmités et épuisé par ses longs travaux, mourut à Cochin, le 24 décembre.

Henri de Menezès lui succéda dans la vice-royauté, d'après l'ordre écrit du roi de Portugal, lequel fut ouvert seulement après la mort de Gama.

L'un des premiers actes du nouveau gouvernement fut l'exécution du maure Mamelex, homme puissant et inquiet, dont les Portugais avaient eu beaucoup à souffrir.

Vainement le roi de Calicut proposa au vice-roi un traité de paix, sa perfidie était trop connue pour qu'on pût croire à ses promesses ; Menezès rejeta donc tout accord avec lui et hâta le commencement des hostilités contre ce souverain. Il se dirigea en conséquence vers le port de Coulète, le plus beau du royaume de Calicut, où se trouvaient quarante vaisseaux bien armés et vingt mille Maures sous les armes, dans le voisinage. Quoiqu'il n'eût que quelques bâtiments légers, avec des barques montées par des Indiens et un très-petit nombre de Portugais, il osa cependant engager le combat sur terre et sur mer, et conduisit ses troupes avec tant de prudence et d'intrépidité, qu'il défit presque entièrement les ennemis.

L'année suivante ne fut pas moins fertile en événements. Menezès passa à Cananor, il prouva combien il tenait à faire respecter l'ordre et la justice, et empêcha les vexations que les Portugais exerçaient sur les Indiens.

Les Maures et les rois de Cananor et d'Ormuz lui envoyèrent de magnifiques présents qu'il distribua aussitôt dans les hôpitaux. Tant de générosité et de désintéressement le firent craindre et respecter des Indiens.

En même temps, il coule à fond soixante barques

malabres, qui voulaient forcer le blocus, dont il avait enserré la ville de Calicut où la famine commençait à se faire sentir, et il châtie vigoureusement les Mahométans de Babul qui s'étaient soulevés.

Deux bateaux portugais, montés par cinquante hommes, sous les ordres d'Alvarès Brito et de Balthazar Roderic Rapoze, rencontrent Laqueximène et le roi de Draguin, gendre du roi de Bintam, qui commandaient une flotte portant plus de huit mille hommes et qui se disposaient à aller attaquer le roi de Lingue, allié des Portugais. Les deux bateaux ne craignirent pas de se mesurer contre cette flotte; n'ayant pas été atteints par une première décharge d'artillerie, les cinquante hommes s'avancent, accrochent plusieurs fustes, montent dedans, tuent ceux qui les manœuvrent, ou les font jeter à la mer. Puis ils traversent la flotte et rentrent triomphants dans le port de Lingue.

Laqueximène, forcé de retourner à Bintam, essaya vainement d'autres entreprises contre les Portugais; il n'obtint pas plus de succès.

Le roi de Calicut entreprit de forcer la citadelle de sa capitale et d'en chasser les Portugais. Il était excité à ce siége par un renégat sicilien, ingénieur de profession, qui mit en usage toutes les ressources de son art, sans pouvoir réduire ce château, défendu par don Juan Lema. Le vice-roi envoya des troupes au secours de la citadelle. Les Maures de Calicut se mirent en devoir de ne pas les laisser passer. Mais ils furent mis en déroute. Le roi de Calicut, craignant les suites de cette victoire, demanda la paix, elle lui fut refusée.

Cependant la citadelle de Calicut fut démolie par les ordres du vice-roi, qui voulait bâtir une autre forteresse à Diu. Idalcan, seigneur de Diu, se joignit au roi de Calicut, dans le but d'empêcher l'exécution de ce projet, mais les autres princes voisins ne virent pas cette ligue sans inquiétude et se réunirent pour la rompre.

Ce furent les derniers événements de la vice-royauté de Henri de Menezès, qui mourut le 2 janvier 1526, à Cananor. On ne trouva pas dans ses coffres de quoi payer les frais de ses funérailles; c'est le plus bel éloge qu'on puisse faire de ses nobles sentiments. Il avait donné tous ses soins à l'administration du pays confié à son autorité et, pendant son trop court gouvernement, il avait fait faire des progrès considérables à la colonisation.

Don Pedre de Mascarenhas devait lui succéder, mais comme il était absent, le commandement fut confié, en attendant son retour, à Vaz de Sampayo qui devait lui être substitué, suivant les ordres écrits du roi.

Il était facile de prévoir qu'une fois investi du pouvoir, Sampayo ferait tous ses efforts pour le conserver; toutefois on doit reconnaître que ce ne fut pas par l'intrigue seulement qu'il chercha à se maintenir au rang qu'il occupait, mais il voulut se signaler par de brillantes opérations militaires.

Il se porta donc à l'embouchure du fleuve Bacanor,

attaqua douze mille Malabares, campés sur le rivage, et les défit entièrement. Puis il partit pour Goa, où François de Sea, qui commandait, refusa d'abord de le reconnaître et de le recevoir ; mais Sampayo, ayant justifié de sa qualité, prit la direction des forces portugaises. D'une part, il envoya Sea bâtir une forteresse à Sonde, dans l'île de Java ; d'un autre côté, il expédia Georges de Menezès aux Moluques, et donna l'ordre à Alphonse Melo de croiser dans les environs des îles Maldives. Enfin il nomma Simon de Sousa amiral des Indes et passa à Ormuz où il réconcilia Jacques Melo, commandant de la citadelle, avec Xeras.

En même temps, Hector de Sylveira se rendit maître de Dhasar, sur la côte de l'Arabie, et pénétrant dans la mer Rouge, réduisit les îles de Mazua et de Dalaka.

L'île Célèbes fut découverte, ainsi que celle de Borneo, et le roi de Bintam, qui attaquait sans cesse Malaca, fut décidément vaincu ; sa capitale, défendue par 7,000 hommes, tomba au pouvoir des Portugais avec un immense butin et 300 pièces de canon. Le roi se soumit et devint vassal de Lisbonne, en payant un tribut annuel.

Lorsque Mascarenhas fut informé de sa nomination à la vice-royauté, il se dirigea vers Goa, pour en prendre possession ; mais Sampayo, qui n'était nullement décidé à abandonner cette position, fit sortir plusieurs vaisseaux, pour arrêter en chemin son rival. Antoine Silveira, lisons-nous dans l'Histoire du Portugal, chargé de cette mission, amène Mascarenhas à Cananor et l'enferme dans une prison, Sampayo fait subir le même sort aux principaux partisans de Mascarenhas.

Un traitement si dur et si injuste révolta la plupart des officiers portugais; Simon de Menezès, commandant la citadelle de Cananor, rendit la liberté à Mascarenhas et le proclama vice-roi des Indes. Christophe de Sousa qui, par ses richesses, et par ses qualités personnelles, occupait une position des plus éminentes, appuya le parti de Mascarenhas.

Cette scission pouvait être funeste aux intérêts du Portugal; c'est pourquoi l'on convint de nommer des arbitres pour juger les droits des deux prétendants à la vice-royauté. Sampayo gagna et entraîna les suffrages des arbitres qui décidèrent en sa faveur. Mascarenhas appela de cette sentence au roi de Portugal et partit immédiatement pour Lisbonne, afin de faire valoir ses droits.

Pendant ce temps, Georges de Menezès se rendait dans l'île de Ternate pour en prendre le gouvernement, et Laurent Vasquez s'établissait dans celle de Borneo, où il obtenait l'autorisation d'y commercer à son gré.

Il est à remarquer, dans les annales portugaises, que, malgré les dissensions survenues entre les différents conquérants, malgré les rivalités des gouverneurs ou des vice-rois, l'intérêt du pays ne fut jamais sacrifié. Quelles que fussent les rancunes des uns, la jalousie des autres, l'idée de la conquête, au profit du Portugal, dominait toujours. Si chacun tentait de substituer sa domination à celle de son concurrent, jamais il ne vint à la pensée de personne d'exercer cette domination autrement qu'au nom de la couronne de Portugal. Sentiment profond de patriotisme, dont les Portugais ont d'ailleurs fait preuve à toutes les époques de leur histoire.

Georges de Menezès et Garcie Henriquès, qui commandaient dans les Moluques, eurent une discussion à propos d'un conflit d'autorité; Garcie s'empare de la forteresse de Tidore et y enferme Menezès, mais le roi de l'île et un capitaine espagnol le rendent à la liberté. Cet incident divisa les Portugais, établis aux Moluques, en deux partis. Ils étaient prêts à en venir aux mains; une guerre civile paraissait imminente, le gouverneur de Malaca sut la prévenir en envoyant à Ternate Gonzalve d'Azevedo, avec un détachement de troupes; cet officier rétablit l'ordre et la tranquillité.

Sampayo, ne s'inquiétant guère du départ de son concurrent pour Lisbonne, continuait paisiblement à exercer ses fonctions; il donna le commandement de la citadelle de Cananor à Juan Deze et l'envoya croiser sur les côtes du Malabar où il fit la chasse aux Maures de Calicut et de Cambaye, puis il fit passer Alphonse de Melo à l'île de Ceylan, et cet officier distingué sut rendre le seigneur de Cabeare, à qui appartenait la *pêche* des *perles*, tributaire du roi de Portugal.

La puissance portugaise était alors parvenue à son point le plus élevé dans l'Inde et dans toutes les autres possessions d'outre-mer.

Ce fut à cette époque que le roi de Portugal reçut à Coimbre un ambassadeur de l'empereur d'Ethiopie qui vint lui présenter, de la part de son maître, une couronne d'or et d'argent avec des lettres en langues abyssine, arabe et portugaise, en demandant confirmation de l'alliance que l'empereur désirait former avec le Portugal. Cette demande ne pouvait manquer d'être bien accueillie.

Cent cinquante princes, a dit un historien, étaient tributaires des Portugais, qui faisaient trembler l'empire du Maroc et dominaient tout l'Orient depuis Ormuz jusqu'à la Chine au moment où Nunez d'Acunha fut promu au gouvernement des Indes.

Nous verrons, dans quelques pages, qu'à la même époque ils avaient fondé d'importants établissements au Brésil, où bientôt allaient être découvertes les précieuses mines d'or et de diamants qui firent couler un Pactole sans cesse renouvelé dans les coffres du roi de Portugal.

Cependant le roi Jean n'avait pas approuvé la conduite de Sampayo ; il lui ôta la vice-royauté des Indes et la donna, non pas à Mascarenhas, mais à don Nunez d'Acunha qui mit à la voile, le 18 avril 1528, avec neuf vaisseaux et un galion, portant huit mille soldats et un grand nombre de gentilshommes portugais qui allaient s'établir aux Indes. On citait parmi eux Simon d'Acunha, frère du vice-roi, grand amiral des Indes, don Pedre d'Acunha, nommé gouverneur de Goa, don Garcie de Sa, commandant de Malaca, et plusieurs autres officiers de distinction.

Après avoir été battue par une rude tempête, la flotte aborda à Zanzibar et se rendit ensuite à Montbaze où les armes portugaises firent sentir leur valeur; la ville fut attaquée et pillée.

Pendant ce temps, Sampayo continuait à représenter le Portugal à Goa; ligué avec Idalcan pour combattre le roi de Calicut; il remporta sur ce dernier une victoire complète, prit d'assaut la ville de Porca, et y fit un butin considérable; puis il se rendit à Chaul, d'où il commanda une expédition contre les habitants de Diu qui s'étaient permis plusieurs agressions contre les Portugais.

La victoire couronna encore son entreprise, et lorsque Nunez d'Acunha prit les rênes du gouvernement de l'Inde, il rendit justice aux grandes qualités militaires de Sampayo. Mais le gouvernement de l'Inde exigeait plus que du courage ou de l'audace; il fallait que celui qui en était investi possédât beaucoup de sagacité, de pénétration, de justice et d'équité. Nunez d'Acunha, homme d'un mérite incontestable, doué de toutes les grandes qualités qui font les bons administrateurs, devait être un excellent vice-roi; il le fut et justifia pleinement la confiance de son souverain par la façon brillante dont il se conduisit dans le gouvernement des Indes.

Son premier soin fut d'ordonner les préparatifs nécessaires pour le siége de Diu. En attendant que cette opération importante pût être entreprise, il suivit la côte de Cambaye et s'empara de Denan et de Bacaïm, situés sur la côte du Malabar.

Ce fut au commencement de l'année 1531 que, ayant rassemblé une armée formidable, d'Acunha résolut d'en finir avec le roi de Cambaye, Badier, l'ennemi déclaré des Portugais. Ce roi était alors en état d'hostilités ouvertes avec la reine de Sanga et l'empereur du Maroc; le moment était favorable pour attaquer la ville de Diu. Badier comprit qu'il lui était impossible de la défendre, et il fut obligé de laisser les Portugais y entrer en vainqueurs; d'Acunha y établit aussitôt une forte garnison et en donna le commandement à Antoine de Sylveira.

Le roi de Cambaye sollicita la paix, et elle lui fut accordée à la condition qu'il abandonnerait toutes prétentions à l'avenir sur Bacaïm, sur Diu et sur quelques autres places moins importantes de la côte. Ayant à soutenir la guerre contre d'autres ennemis, il lui fallait, quoi qu'il en coûtât, demeurer pour le moment en paix avec le Portugal; aussi souscrivit-il à tout ce qu'on exigeait; mais à peine eut-il terminé son différend avec le Maroc, qu'il reprit les armes contre les Portugais et se présenta devant Diu pour y rentrer.

Le vice-roi, informé de cette attaque, se mit immédiatement à la tête de ses troupes et se porta au secours de la ville assiégée; Badier n'attendit pas qu'il fût sous les murs de la ville, il alla à sa rencontre avec une flotte nombreuse, et bientôt un sanglant combat fut livré. Badier y perdit la vie ; un coup de lance le tua au moment où il essayait de se sauver à la nage.

La mort de ce prince et la défaite de sa flotte affermirent de nouveau les Portugais dans leurs conquêtes; toute l'artillerie formidable de Badier tomba en leur pouvoir, et un fort bâti à Diu assura aux Portugais la possession de cette ville qui était le point de mire de plusieurs souverains, en raison de sa situation importante et du commerce considérable qui s'y faisait.

Vers 1533, la ville de Santa Cruz fut attaquée par les Maures du cap d'Aguière, qui avaient tenté de s'en emparer par un coup de main ; Simon Gonzalès de Camera, gouverneur de l'île de Madère, lança six vaisseaux contre les Maures qui déjà étaient parvenus à faire sauter les fortifications de la ville. Il les obligea à se retirer, mais ils revinrent en nombre plus considérable . Repoussés une seconde fois, ils firent une troisième attaque et réussirent à se rendre maîtres de la place en faisant prisonnier le gouverneur don Gultière de Mouroi, avec ses deux enfants : don Louis et dona Mencia.

Mais ce léger échec subi par les armes portugaises fut le seul, partout la victoire les accompagnait ; de nouvelles et précieuses conquêtes vinrent s'ajouter à toutes celles qui avaient été précédemment faites.

Les Portugais s'étaient tellement répandus dans

les Moluques, dans le golfe Arabique, qu'ils se rendirent maîtres de la mer et qu'ils empêchèrent toute communication et tout transport de marchandises des Indes et de Calicut en Égypte.

Sinan Bacha, gouverneur de ce royaume, porta ses plaintes au grand seigneur, lui représentant le tort qui en résultait pour cette province et même pour tout son empire. Il reçut aussitôt des ordres pour armer des troupes et aller chasser les Portugais des ports où ils s'étaient établis et où ils s'étaient emparés de toute la navigation. Sinan équipa en effet une flotte de quatre-vingts bâtiments, sur lesquels il fit embarquer beaucoup de troupes, d'artillerie, de vivres et de munitions de guerre, et il alla former le siége de Diu, place importante défendue par Antoine Sylveira avec six cents Portugais. Vainement Sinan renouvela pendant trois mois les attaques les plus vives, il éprouva tant de résistance et de pertes qu'il fut obligé de lever le siége.

Le gouvernement des Indes était en pleine prospérité lorsque le vice-roi d'Acunha mourut; sa perte fut sensible au roi Jean, qui possédait à un haut degré le talent de connaître les hommes, et avait su apprécier toutes les qualités de son fidèle sujet et représentant.

Il est d'ailleurs une remarque que la plupart des historiens ont faite. Les rois de Portugal, à toutes les époques, autrefois comme aujourd'hui, Emmanuel comme Sa Majesté don Louis, tous ont possédé ce grand secret de savoir choisir leurs conseillers et leurs ministres, et on a rarement vu leur confiance mal placée. Disons aussi que tous ces monarques, justement célèbres, ont su allier à cette connaissance des hommes le grand talent de savoir récompenser chacun selon son mérite, et qu'il n'est pas d'exemple qu'un service rendu au Portugal ait été jamais méconnu par le roi, ni soit resté sans récompense.

Heureux les peuples gouvernés de telle façon que dans toutes les nations un accord unanime rende hommage à la vertu et au grand caractère des monarques qui ont dirigé leurs destinées !

Garcie de Noronha fut désigné par Jean III pour succéder à d'Acunha ; malheureusement ce gentilhomme ne jouit pas longtemps de l'honneur de gouverner les Indes, il mourut à Goa, peu de temps après sa nomination.

Ce fut Alphonse de Sousa qui fut investi des importantes fonctions de vice-roi ; toutefois, en attendant qu'il pût prendre possession de son gouvernement, Étienne de Gama fut provisoirement chargé de l'administration des Indes. Il profita de l'influence que lui donnaient ses grands biens et l'honorabilité de son caractère pour faire d'utiles fondations, telles que des écoles, des séminaires, etc. Pendant le temps que dura son intérim, il se consacra tout entier aux intérêts de la colonisation et marqua son passage aux affaires par une excellente administration.

Il envoya Christophe de Gama, son frère, rétablir la tranquillité dans Cochin ; celui-ci remporta plusieurs avantages sur le roi de Porca et fit avec lui un traité avantageux pour le Portugal.

Pour se former une juste idée de l'état florissant où se trouvaient les Indes à cette époque, il convient de remarquer ce passage du récit des voyages du fameux Mendez Pinto. Ce héros de tant de légendes portugaises, qui encore aujourd'hui est considéré en Portugal comme l'incarnation la plus complète et la plus extraordinaire du navigateur, était parti en mars 1537 avec une flotte de cinq navires. Une tempête terrible les dispersa peu de temps avant leur arrivée. Trois d'entre eux se dirigèrent vers Diu, où le commandant de cette place, Antonio de Sylveira, ressentit une telle joie de leur arrivée, qu'il leur fit toutes sortes de présents et leur donna de grandes fêtes.

« Telles étaient déjà les fortunes que certains particuliers avaient amassées dans les Indes, dit-il, que Sylveira, simple capitaine, outre les largesses et les dons de tous genres qu'il distribua généreusement, traita pendant plusieurs jours, à ses propres frais, plus de sept cents hommes dont se composait l'équipage récemment débarqué. Ce renfort imprévu ranimait son courage et lui assurait pour ainsi dire la victoire, si précieuse alors pour la conservation des Indes, car Diu était comme le boulevard de la guerre et la clef de ce riche et vaste empire. »

Plus loin, Pinto rend compte du remplacement d'Etienne de Gama dans sa charge de capitaine de Malaca par Pedro de Faria, et après avoir dit que celui-ci reçut de toutes parts les députations des princes voisins, amis ou tributaires du Portugal, il ajoute :

« Parmi les ambassadeurs, il s'en trouvait un du roi des Batas de Sumatra, chargé de riches présents, de bois d'aloës, de benjoin à fleurs d'or et de pierreries. Il était porteur d'une lettre de son maître, écrite sur de l'écorce de palmier, dans laquelle il lui offrait avec son amitié toutes les productions et richesses de son royaume, qu'il serait heureux, disait-il, de partager avec de si nobles alliés. Il espérait en retour leur vaillante protection, surtout de la poudre et des armes dont il avait grand besoin pour repousser les Turcs qui lui faisaient la guerre avec autant de cruauté que de perfidie. »

Pedro de Faria accueillit avec une grande bienveillance les paroles et les propositions de l'ambassadeur en lui donnant les meilleures espérances, car il voyait de quel avantage pouvait être, pour le roi de Portugal, pour ses compatriotes des Indes et pour lui-même, cette alliance nouvellement consolidée, et combien le commerce portugais avait à gagner avec un pays de cette importance. Il donna donc pleine satisfaction à l'ambassadeur, et on peut juger du sentiment de vénération que celui-ci professait pour le Portugal par la prière qu'il adressa à Dieu, à cette occasion :

« Puissant Seigneur, qui vis là-haut au sein de la puissance et des richesses, entouré des esprits saints formés par ta volonté bienveillante, je te promets, s'il convient à ta bonté de nous donner la victoire sur le tyran d'Achem, notre mortel ennemi, et de reprendre sur lui ce que son infâme trahison nous a enlevé, que toujours avec grande et fidèle sincérité nous te reconnaîtrons en la loi des Portugais et en la sainte vérité qui donne le salut aux hommes. Nous te ferons bâtir dans notre pays de superbes temples, que nous parfumerons des plus pures odeurs où tous les vivants de ces contrées, qui t'ignorent, t'adoreront, les mains jointes, et prosternés comme les habitants du grand Portugal. »

La foi chrétienne, on le voit, s'était répandue dans ces contrées, grâce aux généreux efforts des conquérants qui s'étaient donné la mission de faire pénétrer les lueurs de la vérité au milieu des ténèbres de la barbarie.

En 1541, Martin-Alphonse de Sousa, envoyé aux Indes en qualité de vice-roi, avait emmené avec lui le bienheureux François Xavier, qui prêcha l'évangile aux infidèles et convertit un grand nombre d'idolâtres. Bien que les prêtres mahométans missent tout en œuvre pour arrêter les progrès du christianisme, on vit plusieurs princes des îles Moluques demander à être instruits dans la religion chrétienne. Les habitants de l'île de Macazar, ceux de Ternate et des autres îles avoisinantes, reçurent le baptême.

Alphonse de Sousa fit aussi beaucoup pour le développement de la religion chrétienne. Jusqu'alors, les habitants avaient été laissés entièrement libres dans leurs croyances; le vice-roi, après avoir constaté qu'une grande quantité d'Indiens se montraient très-disposés à embrasser le christianisme, ordonna qu'on détruisît les pagodes et encouragea d'une façon si efficace ceux qui voulaient prêter l'oreille aux prédications chrétiennes, que chaque jour des conversions nombreuses avaient lieu. Dans toutes leurs colonies les Portugais se montrèrent ardents apôtres et défenseurs de la foi.

Chaque jour, aussi, les possessions portugaises augmentaient, Idalcan abandonna les terres de Salsette et de Bardes, situées aux environs de Goa, et au moment où don Juan de Castro fut appelé à remplacer Alphonse de Sousa dans la vice-royauté des Indes, d'abord avec le titre de gouverneur général, les possessions orientales s'étendaient sur un espace de seize mille kilomètres, le long des côtes, depuis le cap de Bonne-Espérance jusqu'à celui de Ning-Po en Chine, sans y comprendre celles de la mer Rouge et du golfe Persique, qui comptaient encore environ quatre mille huit cents kilomètres.

Les historiens ont divisé ces possessions en sept parties:

La première s'étendait du cap de Bonne-Espérance à la mer Rouge et comprenait:

Le Monomotapa, Sofala, Mozambique, Quiloa, Pomba, Mélinde, Pata, Brava, Magadoxa.

La seconde était formée par la côte d'Arabie et comprenait tout le pays habité par les Maures.

La troisième s'étendait des Indes au golfe Persique et comprenait :

Ormuz,

Guadel et le Sinde,

Une partie de la Perse,

Tout le royaume de Cambaye.

La quatrième s'étendait depuis le cap Comorin jusqu'au fleuve Indus, et comprenait tout le pays désigné sous le nom de l'Inde.

La cinquième s'étendait depuis le cap de Comorin jusqu'au Gange ; c'était le Coromandel.

La sixième s'étendait depuis le Gange jusqu'au cap de Singapa et comprenait :

Le royaume de Bengale,

Le royaume de Pégu,

Et tout le pays de Tanazarim-Malaca.

Enfin, la septième s'étendait entre le cap de Singapara et celui de Ning-Po, et comprenait :

Le royaume de Pahang,

Le royaume de Lugor,

Le royaume de Siam,

Le royaume de Cambodia,

Le royaume de Macao,

Tout le pays de Tsiampa,

Et la Cochinchine.

En dehors de ces sept divisions, il faut ajouter encore l'île de Ceylan, l'île de Timor, et plusieurs autres moins importantes.

Tout l'Orient était au Portugal !

Certes il y avait, dans cette énorme agglomération de territoires, de quoi former plusieurs empires importants; mais aussi c'était une lourde tâche pour les rois de Portugal, que de veiller à maintenir la cohésion entre tous ces éléments, rapprochés mais non fusionnés complétement, et qui gardaient en eux bien des germes hétérogènes.

Les Portugais eux-mêmes, ou plutôt les colons, qui avaient fait des Indes une nouvelle patrie, avaient peu à peu perdu leur caractère national pour prendre une nouvelle physionomie. Ils y étaient arrivés pleins de résolution et de hardiesse, mais avec le souci de savoir comment ils se maintiendraient au milieu de populations hostiles. Or, avec ce courage, cette fierté d'allures, cette énergie naturelle qui furent toujours dans le cœur des Portugais, ils débutèrent vaillamment par s'imposer, combattre et vaincre ceux qui essayèrent de leur résister. Leur situation l'exigeait et ils reconnurent promptement que c'était le seul moyen possible de demeurer dans les contrées qu'ils avaient découvertes.

Mais, accoutumés à parler haut et à être obéis, ils acquirent peu à peu des habitudes autoritaires et un besoin de domination qui se traduisait souvent par des actes oppressifs à l'égard des indigènes. Habitués à se voir en pays conquis, ils continuaient à agir en conquérants, et des excès regrettables à tous les points de vue amenèrent dans les Moluques un soulèvement général qu'un envoyé dù roi de Portugal parvint à grand'peine à apaiser après que nombre d'hommes y eurent perdu la vie.

En même temps Mahmoud, roi de Cambaye, profita des mauvaises dispositions témoignées aux Portugais, pour rompre la paix qu'il leur avait jurée et pour demander la restitution de la ville de Bacaïm et des îles avoisinantes en appuyant cette demande de troupes destinées à s'en emparer. Il avait attiré dans son parti plusieurs souverains de l'Inde, et bientôt il vint mettre le siége devant la ville de Diu.

Les femmes elles-mêmes se couvrirent de gloire par le courage et l'intrépidité qu'elles montrèrent dans la défense de cette ville, où périt Ferdinand de Castro, le fils du nouveau gouverneur que le roi de Portugal venait de donner aux Indes.

Toutefois les Portugais demeurèrent vainqueurs et le vice-roi oubliant sa douleur, pour ne songer qu'à son devoir, se mit bravement à la tête des troupes et força le roi de Cambaye à lever le siége après huit mois d'inutiles attaques.

Don Juan de Castro était bien celui qu'il fallait alors pour le gouvernement de l'Inde. Homme d'énergie et en même temps de grand sens, alliant le courage à la prudence et la fermeté à la justice, il sut se faire craindre en se faisant estimer.

La chronique portugaise cite un admirable fait qui honore ce grand homme : à l'issue de la victoire remportée sur Mahmoud, il fallut rebâtir la citadelle de Diu, que les Turcs avaient démolie, et pour cela il fut nécessaire de recourir à un emprunt. Mais les prêteurs n'arrivaient pas. Juan de Castro écrivit aux habitants de Goa cette lettre dont les principaux passages peignent son grand caractère :

« Seigneurs, magistrats, juges et peuple de la très-noble et toujours loyale ville de Goa, je vous ai écrit ces jours passés, par Simon Alvarès, les nouvelles de la victoire que Notre Seigneur m'a accordée sur les capitaines du roi de Cambaye. Je ne vous ai rien dit des peines et des grands besoins dans lesquels je me trouvais, pour que vous puissiez goûter sans mélange la joie de notre victoire.

« Maintenant il est nécessaire de ne vous rien dissimuler. La forteresse de Diu est renversée de fond en comble ; il faut la rebâtir sans qu'on puisse profiter d'une seule palme de mur. De plus, les lansquerins se mutinent pour recevoir leur paie.

« Je vous demande donc avec instance que vous veuilliez me prêter vingt mille pardaos. Je vous promets, comme Chevalier, et je vous jure sur les saints Evangiles de vous les rendre avant un an, lors même qu'il me surviendrait de nouvelles peines et des besoins plus grands que ceux qui m'assiégent aujourd'hui.

« J'ai fait déterrer don Fernand, mon fils, que les Maures ont tué dans cette forteresse, où il combattait pour le service de Dieu et du roi notre maître. Je voulais vous envoyer ses ossements comme gage, mais ils se sont trouvés dans un tel état qu'on ne pouvait encore les tirer de terre. Il ne me restait donc que mes propres moustaches, et je vous les envoie par Diégo Rodrigues de Azevedo. Vous devez déjà le savoir, je ne possède ni or, ni argent, ni meubles ; je ne possède aucun fonds de terre sur lequel je puisse assurer mon emprunt. Je n'ai qu'une sincérité sèche et brève que Dieu m'a donnée, etc. »

Les habitants de Goa ne pouvaient manquer d'être émus par d'aussi nobles sentiments ; ils refusèrent le gage chevaleresque qui leur était offert, se contentant de la parole de Castro, et lui envoyèrent l'argent qu'il demandait. Quelque temps après, le vaillant capitaine parcourut la côte occidentale du Malabar, brûla douze cents navires ennemis et fut en mesure d'acquitter sa dette.

Jean de Castro avait été nommé vice-roi des Indes en 1546. Il signala son gouvernement par de nombreuses victoires, soumit un grand nombre de places et récompensa généreusement tous ceux qui servaient sous ses ordres, sans rien conserver pour lui.

Lorsqu'il se sentit atteint de la maladie dont il mourut, il fit appeler les principaux habitants de Goa et leur dit :

« Seigneurs, je vous dirai sans honte que le vice-roi de l'Inde manque durant sa maladie des choses que le plus pauvre soldat trouve dans un hôpital. Je suis venu dans l'Orient pour servir ; je ne suis point venu y faire le commerce ; c'est à vous-mêmes que je voulus donner les ossements de mon fils, c'est à vous que je remis ma moustache. Je n'avais rien autre chose à vous offrir comme gage de ma parole, ni tapisserie, ni vaisselle précieuse.

« Aujourd'hui, il n'y a pas dans cette maison assez d'argent pour acheter une poule, car durant les expéditions que j'ai faites, avant de dépenser l'argent de leur roi, les soldats trouvaient le salaire de leur gouverneur, et l'on ne doit pas s'étonner que le père de tant d'enfants soit devenu pauvre. Je vous demande donc que tant que durera cette maladie, vous m'assigniez sur les revenus royaux un honnête subside et que vous nommiez quelqu'un qui m'alimente, moyennant une taxe modeste. »

Puis, demandant un missel, il jura sur les Evangiles, que jusqu'au moment présent il ne devait pas au trésor royal une seule cruzade, que jamais il n'avait rien reçu de chrétien, juif, maure ou idolâtre, et que pour soutenir l'honneur de son rang et de sa personne, il n'avait jamais eu d'autre mobilier que celui qu'il avait apporté d'Europe ; que l'argenterie qu'il avait fait venir de Portugal était depuis longtemps dépensée et qu'il n'avait jamais eu le moyen d'acheter un autre matelas que celui qu'on voyait à son lit. Seulement il avait fait faire à son fils don Alvaro une épée garnie de quelques pierres de peu de valeur, pour passer en Portugal.

Il pria les assistants de prendre acte de ses paroles, afin que si l'on venait à lui trouver quelque chose de plus, le roi le fît punir comme un parjure.

Ce discours fut inscrit sur les registres de la ville de Goa.

En 1548, après la mort de Juan de Castro, don Garcie de Sa fut investi de la vice-royauté des Indes. Hidalcan, roi de Cambaye, s'empressa d'envoyer un ambassadeur demander à faire alliance avec lui. Don Garcie de Sa se fit remarquer par la sagesse de son gouvernement, qui fut à la fois ferme et juste. Malheureusement il ne conserva pas pendant longtemps le pouvoir ; il succomba trois mois après son élévation.

Pour remplir les fonctions de vice-roi provisoirement, et en attendant que le roi y eut pourvu, on choisit Georges Cabral, gouverneur de Bacaïm, homme intègre, désintéressé, qui n'accepta cette vice-royauté temporaire qu'à regret et sur les instances de sa femme ; il se conduisit dignement et remit le pouvoir sans hésiter à celui qui fut envoyé pour l'exercer, don Alphonse de Noronha.

Don Alphonse signala les commencements de son administration par plusieurs heureuses expéditions. Il fit d'abord passer des secours au roi d'Ormuz pour l'aider à chasser les Turcs de Califa. Il apaisa une nouvelle sédition qui avait éclaté aux îles Moluques et aida de son alliance le roi de Cota qui était en guerre avec celui de Certa. Quatre mille Portugais défirent huit mille hommes que le roi de Calicut avait envoyés contre eux. Il réprima les troubles survenus après la mort du roi de Cambaye, en 1554. Enfin il eut de nombreuses occasions de prendre les armes pendant les quatre années que dura sa vice-royauté.

Confiée, après lui, à don Pedro de Mascarenhas,

celui-ci fut continuellement en guerre avec les différents souverains de ces régions. Il ne garda le pouvoir que pendant neuf mois.

Don François de Baretto, qui lui succéda, eut à combattre Hidalcan, qui, sans cesse battu, recommençait sans cesse une lutte toujours défavorable. Baretto livra d'ailleurs diverses batailles, parmi lesquelles il faut mentionner un échec éprouvé par les armes portugaises dans l'île de Ceylan.

Le roi de Bassora s'était adressé au vice-roi des Indes afin qu'il le délivrât de l'oppression des Turcs. Don Alvarès de Sylveira fut chargé de cette mission. Vingt vaisseaux placés sous son commandement furent presque tous fracassés par une tempête qui s'éleva à leur sortie du port.

La guerre se ralluma encore une fois dans les Moluques, et les habitants de Ternate et de Tidore se liguèrent pour s'affranchir de la domination portugaise.

De tous côtés, une sorte de trépidation faisait trembler le sol des Indes sous les pieds des Portugais ; on eût dit qu'une secrète pensée de révolte agitait tous ces peuples soumis au tribut. Ce n'étaient, il est vrai, que des séditions partielles, mais elles éclataient continuellement sur tous les points de ce vaste territoire, et, bien que les armes portugaises ne cessassent d'être victorieuses, elles étaient constamment occupées à des répressions qui ne faisaient qu'exciter les esprits et coûtaient toujours des hommes au Portugal.

La mort de Jean III vint aggraver la situation. Ce

souverain avait été un des bons et des grands rois du Portugal; il s'était préoccupé surtout de faire le bonheur de ses sujets. Il avait envoyé des missionnaires porter l'Évangile dans les contrées de l'Asie, de l'Afrique et de l'Amérique, où ses vaillants lieutenants avaient étendu sa domination.

Il sut conserver au Portugal toutes les conquêtes précédemment faites et, si on résume les principaux faits militaires qui illustrèrent son règne, on voit :

Que le célèbre Nunez d'Acunha, la terreur des rois de Montbaze et de Cambaye, conquit l'île de Besel et soumit plusieurs autres peuples ;

Que Jean de Castro, qui mérita le surnom de Grand, attaqua les barbares qui assiégeaient Diu avec une si heureuse témérité, qu'il remporta une des plus considérables et des plus belles victoires dont les Portugais puissent s'honorer.

Que don Louis de Menezès et don Pedro de Castel Branco s'acquirent une gloire immortelle, l'un dans les îles de Querima, et l'autre dans la ville de Xaer, et que les victoires de Sylveira étonnèrent tellement le roi d'Adem, qu'il se soumit à la couronne de Portugal;

Que don Georges d'Albuquerque, à la tête de huit cents hommes, se défendit énergiquement contre le roi de Batam, qui l'assiégeait par mer et par terre, avec une armée de douze mille hommes;

Que don François de Silva défit les Maures et brûla leur roi dans la ville de Chembré,

Et que don Pedro de Silva battit cinq rois ligués devant Malaca, dont il était gouverneur.

Grand nombre d'autres capitaines firent des actions de valeur dignes du héros qui leur avait appris l'art de vaincre : le roi Emmanuel le Fortuné.

« Les hommes seuls, dit un historien du temps, n'eurent pas toute la gloire des combats. Les dames la partagèrent avec eux, et, sans en rapporter plusieurs exemples, je me contenterai de dire que celles de Zafin ne contribuèrent pas moins que leurs maris à rendre vains les efforts de cent mille hommes, avec lesquels le roi de Maroc faisait le siége de cette ville. »

De nobles exemples leur étaient donnés par la reine régente, celle-là même qui mérita le titre de Mère de la patrie, et dont l'historien Maugin dit :

« Les barbares mêmes, quoique ses ennemis, avoient pour elle un respect profond ; aïant mis le siége devant Mazagan, avec une armée prodigieuse, et leurs desseins n'aïant pas eu de succès, un des plus qualifiés et des plus braves d'entre eux passa en Portugal et se jetta à ses pieds, disant qu'il ne vouloit pas mourir sans voir une reine si puissante. Après l'avoir vue, il protesta que quand il n'auroit pas éprouvé jusques où allait sa puissance sur ses ennemis, son seul aspect le lui aurait fait connoître. »

La régente avait nommé le prince Constantin de Bragance vice-roi des Indes. Ce prince, plein de bravoure, d'ardeur et d'activité, avait pour lui la jeunesse et un grand désir de réussir. Il se distingua par d'éclatants succès. Parti le 7 avril du port de Lisbonne, avec quatre vaisseaux et six mille hommes, il envoya, dès son arrivée dans l'Inde, des commandants et des troupes dans toutes les places occupées par les Portugais.

Puis il arma une flotte considérable, dans le but de réduire la ville de Deman, place importante du royaume de Cambaye. Il s'en empara en effet et la fit fortifier de façon à la rendre presque imprenable.

La prise de cette place fut suivie d'un traité que le vice-roi fit avec le roi Sarcette, pour assurer sa conquête, et la prise de l'île de Balzar, dont le gouvernement fut donné à Gonzalès Pinto.

Des combats nombreux se livrèrent sur divers points. Louis de Melo ravagea les côtes de Malabar et battit les rois de Cananor et de Calicut, qui avaient armé treize vaisseaux montés par des troupes considérables.

Dans le golfe Persique, les Turcs, qui avaient assiégé la forteresse de Baharem, furent battus et obligés de chercher un refuge à Bassora. A peine la lutte est-elle terminée de ce côté que les Malabares se révoltent de nouveau, s'emparent de la citadelle de Balzar, la détruisent et livrent un combat acharné dans la plaine de Vaypin. L'avantage resta aux Portugais, mais au prix d'une grande perte de soldats.

Aussitôt après, le roi de Cambaye vient de nouveau assiéger la ville de Deman, en même temps que les princes malabares se liguent ensemble pour s'emparer de la citadelle occupée par les Portugais dans la ville de Cananor.

Le vice-roi fait armer dix vaisseaux. Un combat est livré près de l'île de Conchim ; la flotte confédérée est défaite et les Portugais, sans prendre aucun repos après leur victoire, s'empressent d'aller délivrer Surate, où ils mettent en fuite vingt mille Malabares qui l'attaquaient. Dans les Moluques, ils chassent le roi de Ternate et s'emparent de ses États; ils envoient vingt et un vaisseaux au roi de Bassora, leur allié, menacé par les Turcs. Des hostilités s'étant élevées entre le roi de Tidore et le prince de Gylolo, les Portugais interviennent pour les réprimer.

Chaque jour amène son heure de bataille.

Pendant ce temps le Brésil prospérait. Le roi Jean III, qui n'avait été qu'imparfaitement renseigné d'abord sur ses ressources, encore peu explorées, porta, dans les dernières années de son règne, une attention très-sérieuse sur cette colonie, comprenant l'importance qu'une pareille conquête devait avoir pour le Portugal.

Ce pays est tellement vaste, depuis le cap San Roque, sur l'océan Atlantique, jusqu'à la rive droite de l'Yavari, un des affluents du fleuve des Amazones, qu'il n'a pas même encore de nos jours de frontières politiques déterminées exactement, si ce n'est avec le Pérou et l'Uruguay. Sa longueur totale, depuis le fort Maribatanos, sur le Rio

Negro, jusqu'à la montagne de Castilhos, est de 4,364 kilomètres, et sa largeur, comptée du Cabo Branco à l'embouchure de l'Yavari, est évaluée à 4,038 kilomètres.

En 1531, le gouvernement y envoya comme gouverneur Thomas de Souza, et fit concession à la noblesse portugaise de la propriété de toutes les terres dont elle pourrait faire la conquête. Beaucoup de gentilshommes portugais vinrent y chercher fortune, chassèrent les naturels et s'emparèrent de grandes étendues de terrain. Les pères Jésuites entreprirent la conversion des sauvages.

La nouvelle colonie fut divisée en neuf grandes capitaineries, dont les titulaires furent :

1° Don Juan de Bavros;
2° Don Eduardo Coelho Pereira;
3° Don Francisco Pereira Coutinho;
4° Don G. de Figueyredo Correra;
5° Don Vasco Fernando Coutinho;
6° Don Pedro de Campo Tourinho;
7° Don Pedro de Goes;
8° Don Martins Alfonso de Souza;
9° Don Pedro Lopès de Souza.

Thomas de Souza eut beaucoup à faire pour assurer la domination portugaise. Cependant, peu à peu les établissements se formèrent, les Portugais, attirés par la richesse du pays, affluèrent, et bientôt les cinq principales capitaineries, celles de Itama Cara, de Fernambuco, d'Illeos, de Port-Assuré, de Saint-Vincent, prirent une extension qui progressa rapidement. La ville de San-Salvador, fondée par Thomas de Souza, devint l'entrepôt central du commerce brésilien. Située près d'un port vaste et commode, dans le golfe appelé la Baie de tous les Saints, elle devint la résidence du gouverneur et d'un grand nombre de négociants portugais.

Mais bientôt les principaux concessionnaires de terres reconnurent l'impossibilité dans laquelle ils se trouvaient d'exploiter de vastes provinces dont la mise en valeur était impraticable, par suite de la résistance des tribus indigènes qu'il fallait auparavant soumettre. Ces tribus étaient puissantes, aguerries, nombreuses ; il fallut entamer contre elles des luttes continuelles qui tournèrent généralement à l'avantage des Portugais.

Ce ne furent pas seulement les Brésiliens qu'il y eut à combattre, les Français et les Espagnols convoitaient aussi ce pays fertile, ou tout au moins une part dans sa possession.

En 1555, l'amiral de Bretagne, Nicolas Durand de Villegagnon, forma le projet de fonder au Brésil une colonie de protestants, ses coreligionnaires, et obtint du roi de France, Henri III, une flottille composée de trois bâtiments qui, sous sa conduite, fit voile vers le Brésil.

Villegagnon commença par s'emparer d'une petite île au milieu de laquelle il construisit une forteresse, à laquelle il donna le nom de Coligny, qui était celui du protecteur de tous les protestants de France, puis il écrivit à Genève où il avait des amis, pour les engager à venir le joindre au Brésil. Un nouveau convoi d'environ trois cents personnes aborda dans la baie de Guanabra où se trouvait l'île conquise par Villegagnon.

Cette petite colonie put d'abord, sans être inquiétée, s'établir dans l'île, mais les colons eux-mêmes ne tardèrent pas à vivre en mauvaise intelligence et, au bout de quatre ans, plus de la moitié des Français étaient retournés dans leur patrie. Les autres restèrent, avec l'intention bien arrêtée de fonder un établissement durable, mais les missionnaires jésuites, qui ne pouvaient souffrir des protestants dans ces parages, excitèrent les Portugais à les chasser.

Un combat s'en suivit, les Français n'étaient pas en nombre suffisant pour le soutenir; ils furent complétement défaits. Les Portugais s'emparèrent du fort Coligny et le démolirent, puis, remarquant que la baie de Guanabra était admirablement située pour la commodité des bâtiments, ils jetèrent dans l'île les fondations d'une ville qui devait devenir la capitale du Brésil, sous le nom de Rio de Janeiro.

Vers cette même époque, les indigènes tentèrent aussi de repousser les Portugais qui s'étaient établis chez eux, et, de 1560 à 1562, divers soulèvements eurent lieu. Ces révoltes étaient trop tardives ; les Portugais avaient su prendre de fortes positions partout, leur nombre s'était considérablement accru depuis le jour où Cabral et ses compagnons avaient, pour la première fois, foulé le sol brésilien; c'étaient de braves et bons soldats aguerris, rompus aux fatigues et méprisant les dangers de la guerre. Il était difficile d'expulser de tels hommes du pays qu'ils avaient conquis ; les Brésiliens l'apprirent à leurs dépens. Vainement ils entamèrent la lutte et s'y jetèrent avec les plus grands efforts ; ils furent battus, dispersés, obligés de se réfugier dans l'intérieur des terres et de chercher le salut au fond des déserts du pays des Amazones.

Depuis ce moment jusqu'au jour où les événements politiques, si fatals au Portugal, placèrent la couronne du roi Sébastien sur le front de Philippe II d'Espagne, le Brésil continua à être tranquille et les richesses de son sol affluèrent à Lisbonne.

L'Inde était de plus en plus agitée.

En 1560, un des rois de Ceylan, qui s'était tristement signalé par des cruautés exercées sur des Portugais, dut être châtié par le vice-roi de l'Inde. Une flotte importante fut armée et dirigée vers la capitale de ce barbare ; la ville fut enlevée d'assaut, livrée au pillage et le fils du monarque fut fait prisonnier. Un traité de paix intervint à la suite de cette expédition qui eut encore pour résultat de faire payer par le roi de Ceylan un tribut annuel au Portugal, d'assurer le paisible exercice de la religion catholique dans l'île et enfin d'annexer à la couronne de Portugal l'île Manar.

Toute l'année 1561 se passa en combats, soit

contre les princes malabares, soit contre les Turcs, dans les Moluques. En résumé, la vice-royauté du prince Constantin de Bragance fut entièrement remplie par des actions militaires, dans lesquelles les Portugais trouvèrent sans cesse l'occasion de signaler leur courage et leur intrépidité.

François de Coutinho succéda au prince Constantin; il arriva à Goa sur la fin de l'année 1561, et eut immédiatement à entrer en lutte avec le roi de Calicut qui, depuis longtemps, se préparait à un conflit en armant des forces considérables.

Le vice-roi sortit du port de Goa avec une flotte de cent quarante vaisseaux et se dirigea vers Teracol. Il n'en fallut pas plus pour que le roi de Calicut, effrayé de cette démonstration, sollicitât immédiatement un traité de paix dont il paya tous les frais.

La plupart des rois tributaires du Portugal brûlaient du désir de reconquérir leur indépendance, mais la terreur qu'inspirait le seul nom des Portugais dominait encore la haine qu'ils nourrissaient.

« Les Portugais, dit l'auteur de l'*Histoire du Portugal*, semblaient devenir d'autres hommes lorsqu'ils avaient passé la ligne de l'équateur. Ils étaient, dans leur patrie, efféminés, adonnés aux plaisirs, ensevelis dans l'oisiveté; dans les Indes, ils étaient braves, intrépides, avides de gloire, capables de soutenir les plus grandes fatigues, et se signalaient chaque jour par des exploits nouveaux. »

A Ceylan, Raja, fils de Madune et roi de l'île,

avait mis sur pied une armée de trente mille hommes, dans le dessein de forcer la forteresse de Colombo, dont Balthazar Guedez de Souza était gouverneur. Les assiégeants furent repoussés. Raja, ne pouvant enlever Colombo, marche vers Cota. Balthazar Guedez sort avec une partie de la garnison, s'empare de défilés importants, établit des embuscades et attaque les ennemis qui, surpris et épouvantés, n'osent soutenir le combat. Don Diègue de Melo accourt en même temps de l'île de Manar, dont il était gouverneur, au secours de ses compatriotes et oblige Raja à se réfugier dans ses terres, désespéré d'être contraint de fuir avec une armée nombreuse qui ne pouvait résister à la valeur intrépide d'une poignée de Portugais.

François de Coutinho mourut en 1564 et Jean de Mendoça, gouverneur de Malaca, prit le commandement, en attendant qu'un vice-roi fût nommé. Il eut tout d'abord à envoyer des troupes au secours des Portugais de Cananor, car la guerre était encore rallumée dans le Malabar, lorsqu'Antoine de Noronha, ancien gouverneur d'Ormuz, arriva à Goa avec le titre de vice-roi des Indes et, à partir de ce moment, les hostilités ne cessèrent plus.

En 1565, une escadre portugaise, composée de sept vaisseaux, et commandée par don Pedre de Sylva Menezès, rencontra, près de la rivière de Canaroto, le corsaire Murimaja, maure de nation, fameux par ses exploits dans les mers des Indes. Ce pirate, ayant sous ses ordres dix-sept vaisseaux, attaqua les Portugais. L'action fut vive. Les Portugais, d'abord maltraités, se lancent avec fureur à l'abordage. Ils coulent à fond deux vaisseaux ennemis, en prennent cinq et tuent le corsaire lui-même, avec cinq cents de ses soldats. Cette victoire coûta trois cents hommes aux Portugais. Le reste de la flotte ennemie se sauva à force de rames dans la rivière de Pudepatan. Bientôt la vengeance les ramène au combat avec de nouvelles troupes, mais ils sont encore défaits et obligés de fuir avec une perte considérable.

Don Paul de Lima Pereira, capitaine fort redouté des Malabares, s'avançait avec quatre vaisseaux au secours de Cananor. Il rencontre dans sa route, près de Baticala, le pirate malabare Canalote, l'attaque et le met en fuite; mais, blessé lui-même et ayant son équipage fort endommagé, il fut obligé de se retirer à Goa pour se rétablir.

Cependant les Indiens avaient rassemblé une armée très-nombreuse et poussaient vivement le siége de Cananor. André de Souza, officier de distinction, meurt les armes à la main; Noronha, gouverneur de la place, fait différentes sorties, dans lesquelles il tue beaucoup de Malabares. Néanmoins ceux-ci livrent un assaut général dans lequel ils perdent beaucoup de monde. Les Portugais y font des prodiges de valeur et forcent enfin une armée considérable d'abandonner le siége.

Gonzales Pereira et Alvarès Paës de Sottomajor étaient venus avec de nouvelles troupes à la défense de cette place. Ils portent le ravage et l'épouvante dans les environs ; ils mettent le feu dans une ville et dans une forêt qui appartenaient à Aderrajo, chef des Malabares, et par ces expéditions rendent aux armes portugaises leur ancien prestige.

La guerre n'était pas moins vive dans l'île de Ceylan. Le tyran Raja avait médité la perte des Portugais pour se rendre maître de toute l'île. Il attaque pendant la nuit la forteresse de Colombo, mais il y trouve tant de résistance qu'il se retire en laissant morts sur la place 500 de ses soldats.

L'année suivante, Raja veut se venger sur Cota de la défaite qu'il avait éprouvée devant Colombo ; pour parvenir à s'emparer de cette ville, il entreprend de détourner la rivière qui passait dans les fossés de la forteresse. Pierre d'Acède, gouverneur, envoie contre les travailleurs un détachement commandé par un religieux nommé François de Nazaret. Les ennemis sont surpris et une grande partie périt sous les coups des Portugais.

Raja n'abandonnait point le projet de réduire Cota ; en vain Georges de Melo détermine le roi de Caudea à porter la guerre dans les États de Raja afin de faire une utile diversion. Ce roi ravage le pays du tyran, désole les campagnes, détruit ses forêts, met le feu à la ville de Chilao sans pouvoir arracher Raja au siége de Cota qu'il continuait de presser avec énergie. Don Diègue d'Ataïde, gouverneur de Colombo, sort avec la garnison et tombe sur l'armée ennemie pendant qu'elle s'élançait à l'assaut.

Les assiégés font en même temps un feu terrible sur les ennemis. Cependant Raja avait forcé un poste et massacrait tous ceux qui le défendaient. Ataïde et le roi de Cota se précipitent au milieu du danger, et les Portugais finissent par repousser les assiégeants. Le prince indien, abandonné des siens, est obligé de fuire à Ceïta-Vaca.

Malgré ce succès, le gouverneur de Cota proposa au vice-roi de ruiner les fortifications de cette place qui exigeait beaucoup de monde pour sa défense et de réunir ses forces à Colombo. Ce projet fut exécuté et un asile y fut donné au roi de Cota, pour le mettre à couvert des poursuites de Raja.

Les Mogores, peuple de l'Indoustan, étant venus insulter la ville de Deman, Jean de Souza, gouverneur de cette place, rassembla les Portugais des environs et repoussa vigoureusement ces nouveaux ennemis.

En 1567, la reine de Mangador fit prendre les armes à ses sujets pour chasser les Portugais de ses États, et elle entreprit de bâtir une forteresse dans sa capitale, située à proximité de la mer, sur une rivière qui la baigne de deux côtés. Le vice-roi vole au secours des Portugais enfermés dans Mangador, part de Goa avec sept galères, deux galions et cinquante fustes, et emmène avec lui de bonnes troupes et des officiers de réputation. La reine s'était préparée à une lutte énergique.

Les Portugais, campés aux environs de la ville et s'abandonnant à une confiance aveugle, se laissèrent surprendre par les ennemis qui en firent un grand carnage. Voulant profiter de cet avantage, la reine mène ses troupes victorieuses contre la citadelle occupée par les Portugais ; mais ceux-ci s'étaient ralliés, ils recommencent le combat, reprennent la supériorité et obligent la reine à fuir dans les montagnes voisines. Le vice-roi fit augmenter les fortifications du château ; il y mit une forte garnison et revint à Goa où l'appelaient les soins de son administration.

Ce fut en 1568 que le jeune roi Sébastien reçut du cardinal Henri, son oncle, les rênes du gouvernement portugais. On sait que les premières années de ce règne furent des plus heureuses, quelques nouvelles conquêtes dans l'Inde vinrent même augmenter les possessions de la couronne.

Gonzalès Pereira Marramaque pénétra dans l'île d'Amboine et la soumit au Portugal ; cette île, au sud-ouest de Ceram, par 3 degrés 47 30 latitude sud et 125 degrés 33 10 de longitude est, occupe une superficie de 1,200 kilomètres carrés. C'était une excellente colonie ; sa constitution géologique est des plus variées et sa couche végétale est des plus riches, la canne à sucre et le caféier y viennent sans culture dans les marais, le sagoutier fournissait alors la principale nourriture des indigènes.

Aussitôt l'île soumise, le vice-roi s'empressa d'y ordonner la construction d'un fort destiné à la défendre et de nombreux colons vinrent s'y établir. Mais l'île était habitée par les Utimas et les Ulensivas, deux tribus différentes qui s'unirent bientôt pour se soulever contre les Portugais ; ceux-ci les combattirent à outrance et finirent par les réduire complétement.

Antoine de Noronha fit aussi une expédition dans l'île de Salcette et punit les habitants des cruautés qu'ils avaient exercées contre les chrétiens.

Ce fut son dernier acte de souveraineté; il fut rappelé par le roi de Portugal et prit la mer pour retourner à Lisbonne. Il mourut en route, laissant le souvenir d'un homme de bien et d'un bon administrateur ; il avait gouverné avec justice et équité et fut regretté de tous.

Ce fut Louis d'Ataïde, l'un des plus vaillants généraux du Portugal, qui fut appelé à succéder à Antoine de Noronha ; voici le portrait qu'en a laissé un de ses contemporains.

« Louis d'Ataïde, homme d'Etat et capitaine portugais, mort à Goa en 1581, avait été nommé vice-roi des Indes en 1569, au moment où toutes les puissances indiennes se liguaient pour chasser les Portugais de l'Asie. Ataïde vainquit tous ces princes, rétablit l'ordre dans l'administration, revint à Lisbonne, en 1575, et tomba dans la disgrâce du roi Sébastien. Il reprit néanmoins son poste, en 1580, mais mourut l'année suivante, emportant les regrets de toute la nation portugaise, dont la puissance jeta avec lui son dernier éclat dans ces contrées lointaines! »

Oui, la nation portugaise dut conserver le nom d'Ataïde, comme celui d'un des plus illustres vice-rois de l'Inde, qu'il eut le grand honneur de pacifier.

Ce gentilhomme arriva à Goa avec un certain nombre d'officiers qui connaissaient déjà l'Inde, y avaient séjourné et surtout combattu; après avoir examiné avec un soin attentif la situation de ces contrées, dans leurs relations avec le Portugal, il ne tarda pas à constater l'existence d'une sorte de coalition de tous les princes de l'Inde, qui, pour être encore à l'état occulte, n'en était pas moins formidable.

Il s'agissait de prendre des mesures efficaces pour empêcher qu'elle n'éclatât ouvertement d'un instant à l'autre. Sur ce point, les avis étaient partagés et les moyens à employer différaient.

Les Portugais, venus de Lisbonne, étaient d'avis qu'il fallait abandonner les possessions éloignées pour conserver intégralement toutes celles du centre, c'est-à-dire faire revenir les troupes disséminées un peu partout, à l'effet de les masser dans le Malabar et aux environs de Goa, le véritable centre d'attaque des Indiens.

Ataïde ne partageait pas cet avis, et son opinion était diamétralement opposée à celle de ses conseillers; il croyait, et avec raison, qu'en affaiblissant toutes les places éloignées pour renforcer celles du centre, c'était se résigner à l'avance à perdre les premières. Il y avait encore ce grand danger que si certaines villes tombaient au pouvoir des Indiens, ceux-ci ne manqueraient pas de puiser dans ce succès une confiance qui les pousserait bien certainement à continuer l'œuvre d'émancipation et à s'attaquer aux places les plus importantes et les mieux gardées. Le vice-roi, dont la réputation comme homme de guerre, était faite, savait par expérience que le succès des armes dépend bien souvent du hasard, et que rien ne pouvait garantir que telle ville qui semblait puissamment fortifiée ne viendrait pas par un de ces hasards que la guerre fait naître si souvent à tomber au pouvoir de l'ennemi. Selon lui, le plus sage était donc de mettre des troupes dans toutes les places menacées et de n'en laisser aucune sans défense suffisante. L'avenir prouva combien son plan était sage.

Mangador, Cochin, Cananor, furent soudainement attaqués par le Zamorin; Chaul, Daman, Bazaïm, le furent par le roi de Cambaye, Malaca fut assiégé par le roi d'Achem. Agalachem, tributaire du Mogol, s'attaqua aux Portugais qui trafiquaient à Surrate, le roi de Ternate souleva les Moluques qui ne demandaient que l'occasion de guerroyer, et enfin Goa fut assiégé.

La situation était grave. Ataïde para à tout.

Avec cette grande habileté militaire dont il avait tant de fois donné des preuves, il ne se laissa pas influencer par les conseils timorés qui lui étaient suggérés, et il se multiplia pour faire face à tous ces événements ; il prit si bien ses mesures, disposa ses troupes avec une telle entente, qu'il parvint à secourir à la fois tous les points attaqués. Assiégé dans Goa, il expédia néanmoins cinq vaisseaux à Surrate et treize à Malaca. Pendant dix mois, il soutint le siége et finit par contraindre l'ennemi à s'éloigner, après avoir épuisé toutes ses forces.

Chaul, nous l'avons dit, était investi par le roi de Cambaye, Ataïde vola à son secours et força encore l'ennemi à se retirer, avec de grandes pertes.

Le Zamorin fut vaincu et obligé de consentir un traité par lequel il s'engagea à ne plus avoir de vaisseaux de guerre.

L'histoire de cette lutte, a dit un historien, est une des plus belles pages des annales portugaises. Il a fallu, pour vaincre dans de telles circonstances, un courage héroïque, et des qualités militaires d'autant plus remarquables, que les généraux n'avaient guère à commander que des troupes indiennes pour la plupart, la métropole ne pouvant plus suffire à l'envoi de soldats portugais.

Ataïde ne borna pas à des exploits militaires l'usage de son pouvoir, il s'occupa des finances de l'Inde, en réglementa l'emploi, et son administration fut une des plus florissantes sous ce rapport.

La vice-royauté des Indes était devenue tellement importante, que le roi de Portugal jugea nécessaire de restreindre l'étendue d'un pouvoir jusqu'alors confié à un seul homme. Il le divisa en trois gouvernements, dont l'un conserva le nom de gouvernement des Indes, le deuxième fut appelé le gouvernement de Monomotapa et le troisième, gouvernement de Malaca. Ces trois administrations ne marchèrent pas toujours d'accord, ainsi qu'il était facile de le prévoir ; des questions de préséance et d'attribution de pouvoir, amenèrent de fréquents changements de titulaires, et, au bout de quelques années, le roi Sébastien, éclairé par l'expérience, et après avoir perdu Ternate, réunit les trois gouvernements en un seul et envoya de nouveau Ataïde aux Indes, avec le titre de vice-roi.

C'était l'homme qui, mieux que personne, pouvait raffermir le sol ébranlé sous les pas des Portugais, si la funeste journée d'Alcaçar Quivir qui a donné naissance à tant de légendes, n'était venue, en 1578, ruiner tous les projets du Portugal en le privant de son roi.

La triste nouvelle de cette bataille néfaste parvint vite aux colonies et y causa une émotion profonde.

La mort du roi Sébastien ne pouvait survenir dans un plus mauvais moment. Les colonies, déjà agitées par un mouvement insurrectionnel général, n'eussent peut-être pas été atteintes au même degré par ce malheureux événement si au roi défunt avait succédé un autre roi, héritier direct et légitime du trône de Portugal. Il n'en devait pas être ainsi.

Après la mort de Sébastien, ce fut le cardinal Henri, son oncle, qui fut appelé à porter la couronne de Portugal, tandis que de son côté, Antoine, prieur de Crato, fils naturel de l'infant Louis, élevait ses prétentions au trône et que Philippe d'Espagne se disposait à faire agir une armée pour appuyer les droits qu'il prétendait avoir à la même succession. Le Portugal se trouvait donc livré aux divisions des partis, et naturellement les Portugais, établis aux colonies, se fractionnèrent aussi pour appuyer les diverses candidatures.

Le prieur de Crato chercha surtout à se faire des partisans dans les possessions d'outre-mer, il écrivit au Brésil, aux Indes et aux îles Tercères, pour les engager à se déclarer en sa faveur. Les îles Tercères répondirent à cet appel.

Le roi d'Espagne soutint par la force ses prétentions à la couronne, et le duc de Bragance le reconnut pour son souverain. En vain les Portugais, qui tenaient pour le prieur, essayèrent de lutter, ils furent défaits sur terre et sur mer, Lisbonne ouvrit ses portes aux Espagnols et Philippe fut élu roi dans la capitale.

Cet événement va faire aussi entrer les colonies dans une phase nouvelle.

II

LES COLONIES

PENDANT L'OCCUPATION ESPAGNOLE

I

Les Colonies pendant l'occupation espagnole.

Si le roi Philippe, en montant sur le trône de Portugal, avait voulu conserver à cette nation la puissance qu'elle s'était si glorieusement acquise, son premier soin aurait certainement dû être de veiller aux colonies qui en dépendaient et de faire tous ses efforts pour empêcher qu'elles ne se détachassent de ses nouveaux États. Mais depuis longtemps, une malheureuse rivalité séparait l'Espagne du Portugal auquel elle ne pouvait pardonner son rapide accroissement, et Philippe, obéissant à une pensée politique que ses actes manifestèrent, parut vouloir affaiblir le Portugal pour mieux le dominer.

D'un autre côté, les Indes, découvertes et administrées jusqu'alors par les Portugais, dont les habitants étaient d'origine portugaise, ne pouvaient pas passer docilement sous un autre sceptre qui les asservissait sans les avoir conquises.

« Quand Philippe II fut sur le trône de Lisbonne, dit l'auteur des *découvertes et conquêtes du Portugal*, les Indiens comprirent vaguement qu'ils n'avaient pas cette fois à se soumettre à l'autorité d'un nouveau roi succédant paisiblement à un autre, mais qu'ils allaient être en présence des vainqueurs du Portugal, avides de jouir de tous les biens qu'ils possédaient.

« S'ils avaient supporté jusqu'alors le joug des Portugais, c'est que ceux-ci, en échange de leur indépendance, leur avaient apporté les bienfaits du commerce et ceux de la civilisation. Quant aux Espagnols, ils ne leur devaient rien et ne pouvaient les considérer que comme des ennemis, s'ils ne se présentaient pas comme des libérateurs. Or, l'Espagne voulait bien profiter des avantages attachés à la possession des colonies, tout en ne faisant rien pour elles, aussi ne put-elle ni les conserver, ni empêcher d'autres nations de s'en emparer. »

Quand les historiens parlent de cette époque fatale, ils la désignent sous le nom des « soixante ans de captivité. »

La domination espagnole fut loin d'être favorable à la monarchie portugaise, et dans cette longue et malheureuse période (1580 à 1640), la prospérité de cette dernière déclinant rapidement, finit par s'anéantir tout à fait. On eût dit que les trois Philippe, prévoyant que ce royaume échapperait à leurs successeurs, cherchaient systématiquement à l'affaiblir au point de le laisser sans puissance quand ils le rendraient à ses anciens rois.

Ce fut surtout dans les colonies d'Afrique et d'Asie que ce résultat devint rapidement sensible. S'il le fut moins dans le Brésil, c'est que ce vaste pays n'avait pour habitants que quelques hordes sauvages qui n'avaient pas d'intérêt à détruire le petit nombre d'établissements qui s'étaient formés sur la côte. Encore Philippe III laissait-il les Hollandais s'emparer en 1624 de San-Salvador, et par suite d'une partie du Brésil.

Vers le milieu du XVIe siècle, la domination des Portugais s'étendait depuis Colombo, dans l'île de Ceylan jusqu'à Diu, à l'entrée du golfe de Cambaye. Bazaïm, Daman, Chaul, sur la côte de Malabar, étaient devenus des places considérables de commerce. Daman eut même une citadelle très-forte, qui, sur la fin du siècle suivant, vit échouer tous les efforts que fit le fameux Aureng-Zeb pour s'en rendre maître. Les villes de Bombay et d'Onore, qui avaient de l'importance, la première, par son excellent port, la seconde, par la qualité supérieure du poivre que son territoire produit, étaient aussi au pouvoir des Portugais.

Possesseurs des points principaux de la côte occidentale de la presqu'île, ils voulurent de plus planter leur drapeau sur la côte orientale et passèrent le détroit de Manasa pour aller s'établir à Négapatnam, à Masoulipatam, à Méliapour. Sur la cime d'une montagne voisine de cette ville, ils prétendaient avoir découvert le tombeau de l'apôtre saint Thomas, aussi l'avaient-ils entouré de remparts et décoré son intérieur de palais, d'églises et de colléges. Les ruines de Méliapour ont fourni des matériaux pour la construction de Madras.

De la côte de Coromandel à Malaca, la distance n'était pas très-grande ; les Portugais l'avaient franchie, et de Malaca, où ils s'établirent, ils allèrent visiter les Chinois. Des pirates s'étaient rendus maîtres de Macao, les Chinois appelèrent les Portugais à leur secours ; les pirates furent expulsés et l'empereur, par reconnaissance, permit aux Portugais d'ériger un comptoir dans l'île de Macao. De là, dit Maffei, sortirent les navigateurs qui, remontant au nord, trouvèrent le Japon.

Cinquante ans avaient suffi aux Portugais pour fonder un empire dans l'Inde, il fallut moins de temps pour le renverser; plusieurs causes réunies contribuèrent à sa chute. Ils avaient trop peu de troupes pour garder une telle étendue de côtes, et leurs établissements se trouvaient situés à de si grandes distances qu'ils ne pouvaient se secourir mutuellement.

Les gouverneurs, de même que les vice-rois qui résidaient à Goa, sachant que leurs fonctions devaient cesser au bout de trois ans, s'efforçaient d'employer ce temps plutôt d'une manière avantageuse à leurs intérêts personnels que profitable à l'intérêt général. Afin que d'autres n'eussent pas la pensée de divulguer leur conduite, ils fermaient les yeux sur tous les abus, et, pourvu qu'ils s'enrichissent eux-mêmes, ils souffraient que chacnn pût s'enrichir. Ainsi l'histoire de la domination portugaise durant cette période de décadence ne se compose que du récit des malversations de tous les administrateurs.

La race des Almeïda, des Albuquerque, des Sylveira, des Mascarenhas semblait éteinte ; la soif de l'or avait pénétré partout et formé des marchands; les guerriers avaient disparu.....

De toutes les causes qui entraînèrent la ruine des Portugais dans l'Inde, la plus active, la plus efficace, fut le renversement du système d'administration qu'Emmanuel avait commencé, que Jean III poursuivit, que Sébastien négligea et que Philippe II et ses successeurs proscrivirent. Ceux-ci avaient certainement pour but de priver le Portugal de sa puissance en tarissant la source de sa richesse afin de le tenir plus facilement dans la soumission.

D'ailleurs les Espagnols, possesseurs des Philippines, pouvaient faire seuls le commerce du Japon, de la Chine, de Malaca et de tout l'archipel Indien. Ils ne devaient pas souffrir volontiers que le commerce rival de l'Inde fleurît dans la main des Portugais.

Non-seulement Philippe accabla d'impôts ses nouveaux sujets, mais encore il les empêcha de trouver dans le commerce de l'Orient le moyen de les payer. Les Chingulais expulsèrent les Portugais de leur île, les Persans s'emparèrent d'Ormuz, les Moluques devinrent la proie des Hollandais. Au lieu de quinze ou vingt vaisseaux qui allaient tous les ans de Lisbonne à Goa, Philippe n'en laissait partir que trois ou quatre; encore choisissait-il pour ces expéditions les plus mauvais bâtiments de ses ports.

En un mot, il voulait que le Portugal perdît ses établissements de l'Inde sans qu'on pût l'accuser lui-même d'être l'auteur du mal. Telle fut toujours sa politique : nuire à ses ennemis en cachant la main qui les frappait.

Lorsque Philippe II s'empara du Portugal, il interdit à ses nouveaux sujets tout commerce avec la Hollande. Alors les habitants des Provinces-Unies, auxquels le port de Lisbonne était fermé, résolurent d'aller chercher eux-mêmes dans les Indes les marchandises qu'on leur refusait. Des marins hollandais, qui avaient fait le voyage d'Asie sur les navires portugais, s'offrirent pour pilotes.

Une compagnie se forma dans ce but à Amsterdam sous le nom de *Compagnie des pays lointains*, en 1595, et dès 1596 une petite escadre hollandaise, commandée par Cornélius Hootmann, visitait les îles de la Sonde. Hootmann, après avoir fait alliance avec le principal chef de Java, commença à battre en brèche les intérêts commerciaux des Portugais.

Cette tentative ayant réussi, d'autres expéditions succédèrent plus nombreuses chaque année. Mais les associations commerciales s'étaient trop multipliées et se nuisaient les unes aux autres ; aussi les états généraux les réunirent-ils en une seule, sous le nom de *Compagnie des grandes Indes.*

L'antagoniste, l'ennemi le plus redoutable pour le Portugal venait de prendre naissance. Effectivement, à cette compagnie fut confié le monopole du commerce hollandais au delà du cap de Bonne-Espérance, le droit de battre monnaie, de faire la paix et la guerre avec les princes d'Orient, de bâtir des forteresses, de choisir des gouverneurs, d'entretenir des garnisons et de rendre la justice.

Le capital de la compagnie dépassait treize millions, somme énorme pour cette époque. L'administration suprême des affaires fut confiée en Hollande à un conseil de dix-sept directeurs, choisis eux-mêmes dans le grand conseil qui était composé de soixante membres. Il y avait, en outre, aux Indes un conseil supérieur dans le sein duquel on choisissait le gouverneur général et les gouverneurs particuliers.

Cette compagnie, dont l'établissement était dû surtout aux efforts patriotiques de Barnevelt, ne tarda pas à devenir une grande puissance. Profitant habilement de l'animosité que les Indiens nourrissaient contre les Portugais, les Hollandais parvinrent à se substituer à eux dans une partie de leurs comptoirs.

En 1606, un marchand hollandais conduisit douze vaisseaux attaquer Malaca, et, bien qu'il ne pût réussir à surprendre la ville, il fit éprouver de grands dommages aux Portugais. L'année suivante, ceux-ci eurent à lutter contre une flotte de vingt-quatre vaisseaux armés par des particuliers et sortis des ports de la Hollande.

Trente et un vaisseaux, dont vingt-six de guerre, commandés par Heemskerk, détruisirent la flotte espagnole et, après avoir forcé l'Espagne à demander la paix, allèrent de nouveau assiéger Malaca ; mais cette place opposa pour la seconde fois aux Hollandais une résistance dont ils ne purent triompher.

En 1613, la Compagnie des Indes fonda Batavia, dans l'île de Java, sur l'emplacement de l'ancienne ville de Jacatara. Batavia devint le centre et la tête de la domination de la Compagnie.

En quelques années, cette Compagnie, si fatale aux Portugais, avait mis en mer un nombre considérable de bâtiments armés pour le commerce, la pêche et la guerre. Elle avait levé des troupes, opéré la conquête des Moluques et donné ainsi à son pays le monopole du commerce des épices. Elle avait établi des forteresses et des forts, depuis l'embouchure du Tigre jusqu'au Japon, contracté des alliances avec les princes indiens et s'était même emparé de la souveraineté de Malabar, de la côte de Coromandel et de Ceylan. Java, placé au milieu de l'archipel malaisien, devint le centre d'un immense commerce.

Impuissante à éteindre l'incendie qu'elle avait allumé et laissant les colonies portugaises livrées à elles-mêmes, pour ainsi dire sans direction, l'Espagne avait fait les affaires de la Hollande; elle allait aussi fournir à l'Angleterre l'occasion que celle-ci cherchait pour fondre sur une proie convoitée depuis longtemps. Le moment était venu, elle en profita.

Elle commença par s'emparer, en 1594, du récif de Fernambouc et de la cargaison d'un navire venu de l'Inde qui s'y trouvait. L'année suivante, les Anglais se rendirent maîtres du château d'Arguim, sur la côte d'Afrique, saccagèrent Faro, pillèrent et brûlèrent tout ce qu'ils purent prendre et détruisirent les forteresses du cap Saint-Vincent et de Sagres; en 1596 ils mirent Buarcos à feu et à sang; en 1597 ils portèrent le ravage aux îles Saint-Miguel, au Fayal, à l'île du Pic, ruinèrent la forteresse de Quixome et prirent Ormuz.

Les îles Tercère avaient refusé de reconnaître le roi d'Espagne et de lui prêter le serment de fidélité et d'obéissance. Ces sept îles, sauf celle de Saint-Michel, ne se soumirent pas malgré les remontrances et les injonctions qu'elles reçurent du sénat de Lisbonne. Leurs habitants avaient proclamé roi Antoine, prieur de Crato. Ce prince avait envoyé prendre possession de ses domaines, et ses partisans parvinrent à chasser les Castillans qui y avaient été conduits par ordre de Philippe II sur quatre vaisseaux commandés par Diego Valdez.

De son côté, la France était disposée à soutenir

le roi Antoine, et une flotte de soixante-dix vaisseaux montée par sept mille hommes d'infanterie, sous les ordres de Philippe Strozzi et du comte de Brissac, se disposa à mettre à la voile, portant à son bord Don Antoine.

Philippe II envoya ordre au marquis de Sainte-Croix, chargé du commandement en chef de l'armée navale d'Espagne, de se rendre en toute diligence aux îles Tercere pour s'en assurer, jugeant bien que de cette conquête dépendait la sécurité du royaume de Portugal. Quelque diligence que fit l'amiral, il arriva trop tard, Strozzi avait déjà attaqué et pris l'île Saint-Michel, mais le 27 juillet 1582, la flotte espagnole vint offrir le combat et après cinq heures de lutte, la victoire se déclara pour Philippe II. Le marquis de Sainte-Croix commit la honteuse action de faire mettre à mort tous les prisonniers, souillant ainsi d'une façon indélébile la victoire qu'il venait de remporter.

Philippe désavoua publiquement cette odieuse conduite. Cependant, l'année suivante, il renvoya le marquis de Sainte-Croix avec soixante vaisseaux de guerre pour s'emparer de toutes les îles Tercère, dont la possession lui tenait absolument à cœur. Non-seulement il s'en empara, mais il y renouvela toutes les cruautés qu'il avait précédemment commises. Les îles Açores furent traitées de la même façon, il fit trancher la tête au gouverneur et pendre quarante des principaux officiers qui y commandaient.

Philippe II n'avait d'abord porté qu'une médiocre attention aux expéditions des Hollandais. Quand ceux-ci, cherchant le long de la Tartarie un passage qui pût conduire au Cathai, à la Chine, aux Indes orientales, et en même temps donner accès au Japon, aux Philippines et aux Moluques, se trouvèrent arrêtés par les glaces, Philippe se contenta de répondre à ceux qui lui montraient la marche des Hollandais : qu'il reconnaissait la main toute-puissante de Dieu, qui ne voudrait jamais permettre que les ennemis de la foi catholique trouvassent les moyens de faire pénétrer leur hérésie dans ces contrées.

« Orgueilleuse prétention pour sa personne, de croire le ciel obligé d'assortir les éléments de ce monde à sa passion particulière, je ne dis pas assez, à ses intérêts propres, qu'avec tant d'artifice il savait couvrir du zèle de la religion! »

Ainsi s'exprime un des historiens du temps.

Cependant l'attitude des Pays-Bas dut attirer forcément son attention, ainsi que le prouve ce passage du discours que le comte de Fuentes lui adressa en 1598 :

« Les maux que l'Espagne voit fondre sur ses sujets par la guerre de Flandres ne se bornent pas aux seuls États que cette vaste monarchie possède en Europe. Ils se font sentir jusque dans ses domaines des Indes orientales et occidentales. Semblable à un ulcère qui, d'un membre du corps humain, où il a pris naissance, se communique à tous les autres et les ronge, la partie ulcérée de la Flandre fait languir tous les jours de plus en plus et mine peu à peu le corps de l'empire de Votre Majesté. Elle voit que tout l'or des Indes, tous les soldats que peuvent lui fournir ses royaumes ne suffisent pas pour soutenir cette guerre..... »

Le Portugal ne fut considéré par Philippe et ses fils que comme un bien temporaire qu'il faudrait restituer un jour ou l'autre; il leur suffisait donc d'en tirer le plus de revenus possible, dût-on le rendre, épuisé et privé de tout ce qui faisait sa force et sa richesse.

Madère était placée sous l'administration de Jean de Gonzalve, lors des événements de 1580. Philippe s'empressa de remplacer le gouverneur par un commandant civil, puis par un commandant militaire, et enfin il réunit sa capitainerie à celle de Machico et en forma un seul gouvernement qu'il donna à Tristan Vaz de Véga.

Après Madère, ce furent les îles du cap Vert qui virent à leur tour leur système d'organisation administratif changé : Ribeira-Grande, qui, jusque-là, était une capitainerie, cessa d'avoir son autonomie. Philippe II nomma un gouverneur général de l'archipel, Edouard Lobo de Gama, qui exerça ces fonctions pendant trois années et fut remplacé, en 1595, par Braz Soares de Mello.

Ce fut sous ce second gouverneur que les Anglais vinrent attaquer et piller Ribeira-Grande.

Saint-Thomas était devenu l'entrepôt de tous les produits commerciaux des îles voisines, ce fut une des contrées qui eurent le plus à souffrir sous la domination espagnole. La plupart des naturels s'étaient enfuis dans les bois d'où ils venaient par bandes fondre à l'improviste sur les établissements portugais qu'ils saccageaient. Ces nègres marrons brûlaient les sucreries, assassinaient les propriétaires colons et bravaient les corps de troupe qu'on envoyait contre eux, en se réfugiant au fond des épaisses forêts où il était aussi difficile que dangereux d'aller les chercher.

Et comme si ce n'était pas assez de calamités, un incendie terrible éclata en 1585 et réduisit en cendres une grande partie de la ville de Saint-Thomas. Puis en 1595, dix ans plus tard, le nègre Amador qui, depuis longtemps, réunissait tous les éléments d'une insurrection, leva l'étendard de la révolte; il se mit à la tête de tous les gens de couleur et se proclama roi de l'île. L'année suivante, ce roi noir perdit le trône et la vie, mais on peut se rendre facilement compte de ce qu'eurent à souffrir pendant son règne les Portugais qui étaient encore dans l'île, laquelle finit comme les autres villes du Cap, par tomber au pouvoir des Hollandais.

Qui eût cru qu'au milieu de tous ces désastres il se fût trouvé encore de nobles et courageux explorateurs, ne rêvant qu'au désir d'ajouter une nouvelle gloire au nom portugais? En 1605 et 1606, Pedro Fernandez de Queiros, à la tête de quelques vaillants compagnons, découvrit la Nouvelle-Hollande.

Mais nous avons hâte d'abandonner l'histoire de ces soixante malheureuses années; terminons donc la rapide nomenclature des diverses vice-royautés qui succédèrent à celle d'Ataïde.

Ce fut d'abord François Mascarenhas, comte de Villa Dorta, qui exerça les fonctions de vice-roi après lui. Ses trois années de pouvoir se passèrent en guerres continuelles; puis vint Manuel de Souza, homme de mérite et de valeur, comme tous ceux de sa race.

A Manuel de Souza succéda un d'Albuquerque, digne descendant de son vaillant ancêtre; Mathias d'Albuquerque avait ce génie du commandement, cette vive perception des choses, cette promptitude de résolution qui font les bons gouvernants; aussi son arrivée à Goa fut-elle saluée comme un heureux événement par toutes les colonies de l'Inde. On espérait qu'il en serait le sauveur, mais il ne put, malgré sa grande intelligence et son dévouement absolu au Portugal, suffire pour raffermir l'autorité chancelante des vice-rois.

Après lui, François de Gama fut également impuissant à s'opposer aux entreprises des Hollandais qui, sous l'administration de Ayres de Saldanha, un nom qui, au Portugal, signifie honneur et loyauté, prirent des proportions si regrettables.

Alfonse de Castro, qui occupa la vice-royauté après Saldanha, mourut du chagrin qu'il éprouva en voyant Malaca assiégée en 1606 et en songeant aux désastres sans nombre que la perte de cette place causerait aux Portugais.

A Alfonse de Castro succéda Alexis de Menezès, archevêque de Grenade qui fut remplacé à son tour par André de Mendoça.

En 1612, Azevedo de Coutinho fut envoyé à Goa où il fut remplacé par Jean de Coutinho; malgré la sage administration de ces différents gouverneurs, les Hollandais continuaient à étendre leur puissance.

En 1619, ce fut de nouveau un Albuquerque (Fernand), qui, étant gouverneur de Colombo depuis vingt et un ans, se trouva appelé à la vice-royauté des Indes. Les qualités traditionnelles de ses ancêtres se retrouvèrent dans ce noble représentant du Portugal, mais il ne put opposer d'obstacles sérieux aux succès des ennemis de son pays.

Après un Albuquerque un Gama, c'est-à-dire tout ce que le Portugal avait de plus noble, l'élite de ses hommes d'État, était envoyé dans cette Inde que dévoraient d'envie les Hollandais, les Anglais et les Indiens, chacun, de son côté, essayant d'en arracher les meilleures parties.

En 1623, la Compagnie des Indes équipa une

flotte pour aller conquérir le Brésil qu'elle désirait ardemment posséder; elle partit de Hollande au mois de décembre et arriva le 9 mai suivant dans la baie de Tous-les-Saints.

L'amiral Villebens, qui la commandait, s'approcha de la ville de San-Salvador, située au centre du Brésil et qui en était alors la capitale. Cette ville avait en rade seize navires portugais. L'amiral s'en rendit maître par suite de la faiblesse du gouverneur espagnol qui y commandait et qui, au lieu de la défendre, abandonna la place avec toutes les richesses qu'elle contenait.

Les ministres de Philippe, dit l'auteur de l'*Histoire chevaleresque,* ne s'affligèrent que médiocrement de cette perte, persuadés qu'en appauvrissant le Portugal, elle le rendait plus facile à se maintenir sous le joug. Toutefois, ils ne purent se dispenser d'envoyer une escadre pour protester contre l'occupation des Hollandais, bien qu'ils n'eussent guère l'espoir de la faire cesser.

Mais ils avaient compté sans la nation portugaise qui, dans un réveil de patriotisme, mit sur pied une flotte de vingt-six vaisseaux en moins de trois mois. La noblesse se signala particulièrement en levant des troupes à ses dépens et en marchant elle-même à leur tête.

Les vaisseaux portugais se mirent en marche les premiers. Ils furent joints quelque temps après par la flotte castillane. L'expédition était commandée par le marquis de Valduera. Son effectif se montait à quinze mille hommes, tant matelots que soldats. Après une heureuse navigation, elle vint mouiller dans la baie de Tous-les-Saints. Quatre mille hommes débarquèrent sous les ordres du général de Menezès.

Les Hollandais n'avaient pas encore pu s'établir solidement dans leur nouvelle possession.

L'archevêque de San-Salvador, Michel Texeira, s'était mis à la tête de son clergé et de quelques hommes résolus à ne pas se soumettre à la domination étrangère. Bientôt, disposant d'une petite troupe de quinze cents braves, il avait entrepris une lutte acharnée, que sa mort même n'arrêta pas; car après lui, Nunez Marino et François de Moura la continuèrent, et le secours qu'ils purent apporter aux quatre mille hommes de Menezès détermina la reddition de la place. Elle fut évacuée par les Hollandais le 20 avril 1625.

La Compagnie des Indes voulut à son tour envoyer des vaisseaux pour reprendre San-Salvador, mais ses efforts furent inutiles. Toutefois, ses attaques réitérées ruinaient les Portugais.

En même temps ils avaient à subir des pertes formidables de la part des Perses qui leur enlevèrent la ville et le royaume d'Ormuz, et aussi de la part des Anglais qui, dans la même année, vinrent ravager leurs côtes.

L'année suivante ne fut guère plus heureuse : l'amiral Pierre Hein, qui commandait la flotte de la Compagnie, enleva les galions qui venaient du

Brésil chargés d'or et de marchandises. En 1618, ce même Pierre Hein reprit la mer et dévasta de nouveau les côtes.

Nous l'avons dit, tant que la maison d'Espagne régna sur le Portugal, une suite de désastres affligèrent le pays. Durant cette époque funeste d'absorption morale et matérielle, les Portugais, toujours si braves, si chevaleresques dans la mauvaise fortune, n'eurent pas même la possibilité de montrer d'autres vertus que celle de la résignation aux coups dont un implacable sort les accablait.

Nous devons continuer à signaler très-brièvement les principaux événements qui amenèrent la décadence de la puissance portugaise aux colonies, en élevant à un haut degré celle de la Compagnie des Indes, puissance qui balança un moment celle de la plupart des souverains de l'Europe.

L'amiral hollandais prit la mer en 1629, avec une flotte de vingt-six vaisseaux de guerre et, après s'être adjoint l'escadre du colonel Wandenbourg, il alla mouiller avec cinquante-six vaisseaux dans la rade de Fernambouc, siége de la plus importante capitainerie du Brésil. Les Portugais se défendirent avec leur bravoure habituelle et disputèrent énergiquement le pays attaqué. Mais Wandenbourg, avec deux mille huit cents hommes, s'empara de la ville d'Olinde, tandis que Lonche assiégeait et prenait le fort Saint-Georges qui défendait le Sud.

Après ces premiers succès, il ne fut pas difficile aux Hollandais de se rendre maîtres du reste de la capitainerie. Puis ils prirent leur course sur les mers, cherchant de nouvelles conquêtes. Frédéric de Tolède, amiral d'Espagne, se mit à la poursuite de cette flotte victorieuse. Il la rencontra aux Antilles, lui livra le combat et fut battu.

Les Portugais, profondément attristés par la perte de Fernambouc, supplièrent les ministres de Philippe de faire quelques efforts pour leur donner les moyens de recouvrer cette place, et ils offrirent même des sommes considérables pour lever des troupes. Les ministres acceptèrent les fonds et équipèrent une flotte qui, réunie à celle formée par les Portugais, se trouvait avoir des forces suffisantes pour reprendre Fernambouc.

Le commandement en fut donné au général d'Ocquendo ; il prit la mer au mois de mai. Malheureusement une mortalité effroyable désola les équipages portugais, et, en un mois et demi, plus de deux mille hommes périrent sans avoir pu combattre.

Après s'être borné à pourvoir à la sûreté de la rivière de Saint-François et de la baie de Tous-les-Saints, d'Ocquendo fut dans la nécessité de reprendre la route de Lisbonne. Pendant qu'il effectuait son retour, il fut attaqué par l'amiral hollandais Pater, envoyé à sa poursuite avec seize vaisseaux de haut bord ; la flotte espagnole ne put leur résister et la plupart de ses vaisseaux reçurent des avaries.

L'année suivante (1631), les Portugais et les Espagnols réunirent une nouvelle flotte dont Frédéric de Tolède eut le commandement, mais, encore une fois, ce fut sans résultat.

Les Hollandais, disposés à tout sacrifier pour conserver le Brésil, n'épargnaient rien pour y affermir leur domination. Ils firent une levée de troupes considérable, et, dans le courant des trois années 1633, 1634 et 1635, ils étendirent leurs conquêtes et parvinrent à se rendre maîtres de Tamaraca, de de Paraïba et de Rio-Grande. Porto-Calvo fut également pris par eux en 1637, ainsi que la citadelle de Porvacson dont la garnison fut obligée de capituler.

Les campagnes de 1638 et 1639 ne furent pas plus favorables aux armes portugaises. Le marquis de Montalvan, vice-roi du Brésil, s'était donc déterminé à entamer des négociations avec la Hollande, lorsque la révolution de Portugal éclata et ramena le souverain légitime sur le trône de ses ancêtres (1640).

A cette époque, comme on a pu le voir, le Brésil était passé en grande partie aux mains des Hollandais. Une trève vint arrêter leurs progrès toujours croissants et qui menaçaient d'absorber la colonie entière. Elle fut signée le 23 juin 1641 pour dix années. Il y était stipulé que les places occupées de part et d'autre depuis le 12 du même mois seraient rendues. En conséquence, les Hollandais devaient restituer Malaca, Angola et plusieurs autres villes. Ils ne le firent pas...

Cet oubli de la foi jurée ne fit qu'augmenter le désir qu'avaient les Brésiliens de tenter un dernier et suprême effort pour se soustraire à l'oppression. L'entreprise était difficile ; mais les sentiments d'affection des Brésiliens pour l'ancienne maison de Bragance, et leur courage fortifié par une longue lutte devaient les faire triompher de tous les obstacles.

Le principal champion de la révolution, qui se préparait en silence, fut Jean Fernandez Vieira. Cet homme, parti d'un rang modeste, s'était acquis dans le commerce une fortune considérable et jouissait d'une influence incontestable au Brésil. Dévoué au Portugal, sa patrie, il se mit à la tête d'un parti résolu qui devait massacrer dans une fête publique tous les Hollandais ayant pris part au gouvernement.

A la veille d'être exécuté, le complot fut découvert. Les conjurés se réfugièrent dans les bois, et se formèrent en une petite armée dans laquelle le courage suppléait au nombre. Bien déterminés à vendre chèrement leur vie, ils ne craignirent pas d'entrer en lutte avec les troupes Hollandaises, et les battirent au combat de Tarocas, près Fernambouc, au mois de juin 1645.

Doué d'une énergie peu commune, Vieira quitta le rôle de fugitif pour prendre celui d'agresseur, et pour achever ce qu'il avait commencé, il fit un appel énergique à l'insurrection dans tout le pays : le roi Jean IV, désireux d'épargner le sang de ses sujets pour lesquels il redoutait de cruelles représailles avait défendu de continuer la lutte. Mais Vieira plein de confiance dans la cause qu'il défendait, assuma sur lui toute la responsabilité et encouragea ses compagnons d'armes.

« Si le roi, dit-il, connaissait notre zèle et nos premiers succès, il nous soutiendrait de toute sa puissance. C'est à nous de prendre malgré lui ses intérêts. »

Animé d'une ardeur nouvelle qu'il fit partager à ses troupes, il pressa les événements et fut assez heureux pour battre dans différentes rencontres, notamment à Guarapes, les ennemis de sa patrie. Peu à peu les Hollandais assiégés dans leurs places fortes, cernés de tous côtés, furent hors d'état de continuer la résistance. Une lutte de neuf années, presque toujours à l'avantage des Portugais, acheva de les épuiser. Le 28 janvier 1654, ils évacuèrent définitivement le Brésil, à la suite d'une capitulation, en laissant à Fernambouc deux cent quatre-vingt-treize pièces de canon.

Ce fut un terrible échec pour la Compagnie des Indes. Après avoir dépensé des sommes immenses pour conserver le beau pays sur lequel reposaient sa puissance et sa force, elle le perdit à jamais, à la grande gloire de ceux qu'elle avait injustement asservis.

Jetons un dernier regard sur la situation des colonies indiennes.

Après avoir été abandonnées à elles-mêmes ou administrées par des vice-rois qui ne trouvaient pas auprès du souverain espagnol un appui nécessaire, il était facile de prévoir qu'elles cesseraient peu à peu d'être l'inépuisable ressource de la métropole. En considérant d'ailleurs la grande différence qui a toujours existé entre le système colonisateur du Portugal et celui suivi par l'Espagne, il y a lieu de se demander si en ruinant les colonies, l'Espagne n'obéissait pas à ses traditions ordinaires.

L'exploitation des immenses possessions de l'Espagne s'est bornée, pendant toute la période florissante de cette puissance à l'extraction des métaux précieux. La cour de Charles-Quint ne faisait pas plus attention aux balles de coton rapportées par Colomb qu'aux fruits envoyés par Cortez. Le gouvernement espagnol croyait avoir rempli tous ses devoirs quand il protégeait les champs et les ateliers de la métropole, en leur réservant la fourniture outre-mer de toutes les denrées européennes; ainsi le vin, le chanvre, le lin, les vaisseaux, la poudre, le sel, ne pouvaient être produits dans les colonies.

Ruiner les indigènes au profit des colons, et exploiter ceux-ci au profit de leurs compatriotes, c'était toute son économie politique et son système administratif. Si les possessions portugaises étaient demeurées plus longtemps encore sous le sceptre de l'Espagne, leur ruine eût été consommée.

Mais un événement inespéré vint subitement transporter de joie les Portugais, et les délivrer à jamais du joug de la domination étrangère.

Tandis que les rois d'Espagne, assis tranquillement sur le trône de la maison de Bragance, vivaient dans la douce croyance qu'ils suffisaient au bonheur du Portugal, les nobles descendants des héros de la vieille Lusitanie veillaient en silence, dévorant en secret leur douleur, et attendant avec confiance que l'heure de la liberté sonnât pour la nation où le patriotisme est la vertu de tous.

Un jour, sans que rien eût fait pressentir cette catastrophe à la cour de Philippe IV, une révolution, puisant sa force dans le souvenir des gloires de la patrie, dans l'unité du sentiment de nationalité, dans le fidèle attachement du peuple pour l'ancienne maison de ses rois, éclata comme un coup de foudre.

Une vaste conspiration, dont les amis du duc de Bragance étaient l'âme, fut organisée dans le secret le plus absolu, et le 1er décembre 1640, dès l'aurore, les conjurés descendirent chez don Michel d'Alméida et chez les autres seigneurs où ils devaient trouver des armes. Nobles, prêtres, bourgeois et artisans furent exacts au rendez-vous, nul ne manqua à sa parole et à la fidélité qu'il avait promise. On vit même plusieurs femmes se disputer l'honneur de prendre part aux dangers de cette journée qui se termina par le triomphe du droit.

Le duc de Bragance reçut la couronne de Portugal, sous le nom de Jean IV, le 15 décembre, après avoir prêté le serment de gouverner selon sa conscience, de maintenir les us, coutumes, priviléges et droits du royaume accordés et confirmés par ses prédécesseurs, avec le sceau de Dieu et des saints Evangiles.

Le Portugal était libre et les colonies allaient recueillir les bienfaits de cette liberté.

III

RESTAURATION DE LA MAISON DE BRAGANCE

III

Les Colonies depuis la restauration de la maison de Bragance.

Quand une nation se retrouve en possession de la liberté, après avoir été momentanément privée de ce bien suprême, elle ressent une impression de bien-être universel. Un tressaillement d'enthousiasme se produisit aux Açores, dit un historien contemporain, quand on y apprit la restauration de la monarchie portugaise.

Les Espagnols qui tenaient garnison à l'île Tercère, sous le commandement de Alvaro de Viveros, comprirent toute la puissance de l'explosion populaire et se fortifièrent dans la citadelle d'Angra afin d'opposer une résistance sérieuse au soulèvement général. Autant aurait valu lutter contre la foudre !

Les cris de *vive le roi ! vive Jean IV !* sortaient de toutes les poitrines ; le drapeau du Portugal flottait de tous côtés ; chacun s'armait comme il le pouvait, toute arme était bonne aux mains des fidèles sujets de Jean IV.

Ils commencèrent par attaquer le petit fort Saint-Sébastien, occupé par les Espagnols, et s'en rendirent maîtres, sous la conduite de la milice de Ribeirinha. Enhardis par ce succès, ils résolurent de prendre la citadelle, mais l'entreprise était difficile. Largement approvisionnée de munitions de guerre, défendue avec énergie, elle résista à un siége de deux ans.

Le 24 février 1642, une capitulation la remit aux mains des Portugais qui avaient proclamé en grande pompe la reconnaissance du roi Jean, et qui, dans leur patriotisme exalté, avaient pu lutter victorieusement contre toutes les troupes de l'Espagne envoyées aux Açores pour soutenir l'autorité de Philippe IV.

Ce ne fut pas seulement l'île Terceire, mais Saint-Michel, Fayal et Saint-Georges, tout le groupe de ces îles qui salua l'aurore d'une ère de paix et de prospérité, en se déclarant spontanément pour leur souverain légitime. Au reste, la fidélité aux vrais principes monarchiques fut de tout temps l'honneur de ces contrées, et les Açoréens se sont montrés constamment des sujets soumis et dévoués à la personne de leurs rois.

Nous avons vu, dans les pages qui précèdent, quelles avaient été les conquêtes immenses et les établissements considérables fondés par les Portugais dans les diverses parties du monde.

Après avoir conquis les îles de Madère, des Terceires et de Saint-Michel, après avoir parcouru les côtes méridionales de l'Afrique, après s'être emparés des îles du cap Vert, après avoir construit le fort de la Mine, en Ethiopie occidentale, après avoir soumis les îles du Prince et de Saint-Thomas, après avoir établi leur domination dans les royaumes du Congo et d'Angola, après avoir élevé plusieurs forts dans les deux Guinées, les Portugais doublèrent le cap de Bonne-Espérance, découvrirent l'île de Saint-Laurent et subjuguèrent sur les côtes orientales de l'Afrique, les royaumes de Sofala, de Mozambique et de Mélinde. Ensuite ils passèrent la mer Rouge, parcoururent le golfe Persique, franchirent les embouchures de l'Indus et entrèrent dans les vastes contrées indiennes.

Ils s'arrêtèrent d'abord à Calicut, à Cochin et dans les places voisines où ils fondèrent des établissements commerciaux et portèrent les lumières du christianisme. Ils enlevèrent l'île d'Ormuz dans le golfe Persique aux rois du pays, et l'île de Goa dans l'Inde à Idalcan, Chaul, Daman, Bazaïm, Cananor et toute la côte du Malabar tombèrent sous leur puissance. L'île de Ceylan reconnut leur autorité. Ils conquirent Malacca dans la Chersonèse d'or par delà l'embouchure du Gange. Ils triomphèrent des

Perses, des Turcs, des Arabes, des Maures, et battirent, avec des forces bien inférieures, les rois de Bengale, d'Aracan, de Pegu, de Siam.

Les Moluques subirent leur loi : ils bâtirent la ville de Macao, dans la Chine; ils introduisirent leur commerce dans le Japon. Enfin ils rendirent tributaires tant de royaumes, de provinces, d'îles et de pays, que leurs États réunis formèrent un empire plus vaste que ne l'avait été l'empire romain.

Les rois d'Espagne, en usurpant la couronne de Portugal, étaient devenus les maîtres de ces immenses pays ; mais la plupart s'empressèrent de secouer le joug dès qu'on y eut appris la nouvelle de la révolution par laquelle Jean IV était remonté sur le trône de ses ancêtres.

Le Mozambique, le royaume de Monbaze, les villes de Diu, de Daman, de Bazaïm, la grande capitainerie de Chaul, les forteresses d'Onor, de Bracalor, de Mangador, de Cananor, de Cangranor, la ville et la citadelle de Cochin, de Coulam, de Negapatnam, de Meliapour, la plus grande partie de l'île de Ceylan, avec beaucoup de villes, citadelles, forteresses, reconnurent le nouveau roi de Portugal pour leur prince légitime.

Jean IV, à l'exemple de ses nobles prédécesseurs, envoya dans l'Inde un vice-roi, des commandants, des troupes, des munitions, enfin tout ce qui était nécessaire pour maintenir l'autorité et le prestige de son gouvernement dans ces villes et ces royaumes. « Il voulut, ajoute M. de la Clède, dans son *Histoire de*

Portugal, que le vice-roi se tint toujours à Goa, où les princes indiens envoyaient leurs tributs et leurs ambassadeurs lorsqu'ils avaient quelques affaires à traiter avec les Portugais. »

Peu d'événements importants s'étaient produits aux îles du cap Vert depuis la restauration de Jean IV jusqu'en 1712, époque à laquelle les Français s'emparèrent de Ribeira-Grande et y causèrent des dommages considérables.

D'après les ordres de la cour de Versailles, Cassart était parti de Toulon au mois de mars, à la tête de six vaisseaux et deux frégates, avec mission spéciale d'aller attaquer les colonies portugaises.

Il arriva le 12 mai aux îles du cap Vert et somma le gouverneur de Ribeira-Grande de lui payer une contribution de soixante mille écus. Celui-ci refusa, plein de confiance dans la bravoure de la garnison qui défendait la place; mais les forces françaises étaient très-supérieures en nombre. La ville et la citadelle furent attaquées avec la plus grande ardeur. Cassart fit sauter les forts et enclouer un grand nombre de canons de fer; il enleva dix-sept pièces de fonte, deux cents barils de poudre, cinq cent mille livres de marchandises et environ quatre cents nègres. Puis, après avoir livré la ville à l'incendie et au pillage, il se retira, emmenant deux bâtiments portugais qui étaient en rade, et alla ravager les îles de Massara et d'Antigoa.

Il investit et bombarda Surinam et lui imposa une

contribution de 800,000 livres. Il détacha ensuite deux de ses vaisseaux pour aller rançonner les colonies d'Essequibo et de Berbice.

L'année suivante, Cassart recommença à poursuivre les Portugais ; il s'empara d'abord de Saint-Eustache et enleva, après plusieurs attaques très-vives, dans l'une desquelles il eut le pied traversé par une balle, la ville de Curaçao, qui se racheta du pillage moyennant 600,000 francs.

Il revint ensuite à la Martinique avec plusieurs millions de dépouilles enlevées aux Portugais et aux Anglais.

Santiago eut beaucoup à souffrir de la perte de Ribeira Grande. La population de Ribeira avait été obligée de se retirer dans les montagnes, et longtemps encore après que la ville eut été reconstruite, elle n'avait pas recouvré son importance, car en 1770, le siége du gouvernement de l'ile fut transféré à Villa-da-Prayta; cette mesure ne permit pas à Ribeira de se relever.

L'ile de Saint-Thomas qui avait été si maltraitée par les Hollandais fut encore, dès la première année du règne de Jean IV, attaquée par ces mêmes ennemis du Portugal. Ils s'en emparèrent tout d'abord et s'établirent dans le port Saint-Sébastien ; mais ce ne fut qu'un succès éphémère. Jean IV, avec cette promptitude d'action qui lui était particulière, envoya immédiatement, sous le commandement de Pires de Tavora, les forces nécessaires pour déloger les Hollandais qui, bloqués de tous côtés, furent obligés de capituler, en 1644, en rendant tout ce dont ils s'étaient emparés.

L'île recouvra une partie de sa prospérité passée sous la seconde administration de Bernardino. Frey de Andrade, qui fonda sur la côte des Esclaves le fort Saint-Jean-Baptiste.

En se débarrassant du joug étranger, les Portugais avaient retrouvé leur goût pour les découvertes et leur humeur aventureuse. Ils s'avancèrent au sud vers la rivière de la Plata, qui les séparait des Espagnols, et, au nord, jusqu'à celle des Amazones.

Ils s'emparèrent du pays situé sur les bords de ce fleuve, s'y établirent et obtinrent de la France, par suite du traité d'Utrecht, de 1713, la partie méridionale de la Guyane, située dans les environs du cap Nord.

La trève qui avait été conclue entre le Portugal et les Provinces-Unies au sujet des Indes orientales étant expirée, la guerre se ralluma en 1652 dans cette partie du monde, entre les deux nations rivales.

Il y avait alors beaucoup de confusion et une certaine anarchie dans Goa à l'occasion du rappel de Philippe de Mascarenhas, vice-roi de l'Inde, et de la mort du comte d'Aveira qui était parti pour le remplacer. L'archevêque de Goa et deux autres officiers portugais partagèrent entre eux l'administration, opprimant les habitants et les commerçants par toutes sortes d'exactions. Ils refusèrent même de reconnaître, et renvoyèrent en Portugal, don Vasco

Mascarenhas, comte d'Obidos, que le roi avait nommé pour remplacer Philippe.

Le roi eut la sagesse de dissimuler son mécontentement, dans la crainte de causer une sédition dans Goa, où les esprits étaient malheureusement très-surexcités ; mais les Hollandais, toujours à la piste des événements dont ils pouvaient faire leur profit, s'empressèrent de tirer parti de cette division, en s'emparant de la forteresse de Caliture, dans l'île de Ceylan, et marchèrent contre la ville de Columbo.

A cette nouvelle, les Portugais réunirent un corps d'armée sous les ordres du vaillant Figueira qui, avec une intrépidité digne de sa nation, repoussa les ennemis et leur reprit tous les postes importants, entre autres le fort d'Angrolota

Le roi de Candea avait également tenté une rébellion, les armes portugaises ne tardèrent pas à le remettre à la raison.

Les îles Mascarenhas, découvertes en 1545 par les Portugais, furent remises, en 1642, à l'agent de la Compagnie des Indes à Madagascar; ce fut une perte pour le Portugal qui les vit avec peine détacher de ses possessions ; on sait que c'est une de ces îles qu'on désigna depuis sous le nom d'île Bourbon.

L'île Maurice, aussi une des Mascarenhas, fut également perdue pour le Portugal. Elle avait été prise par les Hollandais en 1598, puis recouvrée par les Portugais en 1712. Les Français s'en emparèrent en 1721 et la conservèrent jusqu'en 1810, où elle passa à l'Angleterre.

La fin du régne de Jean IV fut malheureusement signalée par la capitulation de Columbo, qui, vivement attaqué par les Hollandais, s'était défendu d'une façon remarquable, grâce à l'énergie du noble et vaillant Coutinho, un héros dont le nom doit être écrit en lettres d'or dans les fastes militaires du Portugal.

Au Brésil, la trève qui avait été consentie par Jean IV était une duperie ; les Portugais n'avaient pas cessé d'être victimes des déprédations des Hollandais ; aussi, indignés contre ces déloyaux ennemis, les habitants du Brésil, Portugais, Indiens, mulâtres, s'entendirent pour se soulever et exterminer les Hollandais.

Jean IV, lié par la trève, était dans la nécessité de désapprouver l'insurrection ; celle-ci avait pour chef un homme intrépide, Jean Fernandez de Vieira, qui passa par-dessus la défense du roi. Résolu à rendre le Brésil à la liberté, il livra des combats incessants aux Hollandais, les battit constamment et finit par décider Jacques de Magalhaës, commandant l'escadre portugaise chargée de protéger les navires de commerce qui se rendaient de San-Salvador en Europe, à se joindre ouvertement à la cause nationale.

San-Salvador fut pris, les Hollandais furent écrasés à la bataille de Guararapie, qui eut lieu en novembre 1648, et le 27 janvier 1654 le dernier Hollandais quittait pour jamais le sol du Brésil.

En 1710, la France eut à son tour le dessein de s'en emparer, et le capitaine du Clerc partit à la tête d'une escadre de cinq vaisseaux portant mille hommes de troupes dans le but de prendre Rio-Janeiro ; mais les Portugais n'étaient pas des hommes qu'on pût facilement surprendre, et bien que du Clerc fût parvenu à débarquer à Guaratiba et à s'introduire dans la ville, il ne tarda pas à être victime de cette tentative téméraire. Sept ou huit mille hommes de garnison assaillirent sa petite troupe, et la populace irritée le mit en pièces.

Lorsque la nouvelle de cette terrible exécution fut connue en France, elle y causa une vive émotion, et Duguay-Trouin fut chargé d'en tirer vengeance ; il mit à la voile le 9 juin et arriva le 12 septembre à l'entrée de la baie de Rio-Janeiro.

Son escadre, composée de seize gros vaisseaux, portait quatre-vingt-dix gardes de la marine et deux mille trois cent cinquante-huit hommes de troupes de débarquement.

Rio-Janeiro était défendu par quatre vaisseaux de guerre, de cinquante-six à soixante-quatorze pièces de canon, trois frégates de trente-six à quarante chargées d'artillerie, de munitions de guerre, et de cinq régiments de troupes réglées, sous les ordres de don Gaspard d'Acosta. Les quatre vaisseaux de guerre et les trois frégates s'étaient mis en travers depuis le fort de Villegagnon jusqu'à celui de Notre-Dame-de-Bon-Voyage. Les troupes, y compris les cinq régiments arrivés d'Europe, montaient à douze ou quinze mille hommes, sans compter une multitude de nègres. Trente-cinq navires marchands se trouvaient en outre dans la baie.

Duguay-Trouin entreprit de la forcer, le 12 septembre 1711, après avoir écrit au gouverneur don Francisco de Castro, pour lui proposer de se rendre. La réponse ne se fit pas attendre : don Francisco fit connaître que lui et les siens étaient décidés à verser jusqu'à la dernière goutte de leur sang pour défendre la ville confiée à leur patriotisme.

Alors l'attaque commença vive, serrée, terrible ; la défense n'était pas moins acharnée. Un orage épouvantable éclatait en même temps. Le bruit et le carnage furent tels, que les habitants épouvantés se retirèrent dans les montagnes et au fond des bois, emportant ce qu'ils avaient de plus précieux. La ville se racheta pour une somme de quinze cent mille francs.

Peu de temps après, la paix de Rastadt signée le 6 mars 1713, vint mettre un terme à cette fâcheuse guerre de la succession qui avait armé les divers États de l'Europe les uns contre les autres.

En 1725, on commença à découvrir au Brésil les mines de diamant, qui devait être une si grande source de richesse pour le Portugal.

Certainement l'or et le diamant créèrent des ressources considérables ; cependant, nous l'avons dit et il faut le reconnaître, ces trésors sans cesse renouvelés, furent plutôt funestes au Portugal qu'ils lui furent profitables.

On a calculé que, de 1699 à 1756, il était sorti du Brésil, à destination du Portugal, deux milliards quatre cents millions.

Or, il arriva par suite de cette abondance de numéraire, d'abord, que la valeur en fût forcément amoindrie, et, de plus, que le pays assez riche pour acheter à prix d'or de l'étranger, non-seulement tous les objets de luxe, mais encore ceux de première nécessité, perdit peu à peu l'habitude de la production nationale. Le Portugal était un véritable marché ouvert surtout aux Anglais, qui en étaient arrivés à vendre presque exclusivement leurs étoffes, leurs parures et jusqu'aux choses indispensables à la subsistance.

Les Portugais achetaient tout.

Il était facile de prévoir que le jour où tarirait cette source précieuse, la gêne remplacerait une richesse basée sur la possession d'une fortune accidentelle et non sur la production et l'échange, ces deux véritables artères du corps social.

L'existence des mines de métaux précieux fut en outre la cause de bien des soucis pour le gouvernement portugais.

Par suite de l'assurance donnée par un certain Gomez Pereira au gouverneur de Rio-Janeiro, que dans les missions du Paraguay, administrées par les jésuites, il se trouvait une grande quantité de mines très-riches, et sur les instances de ce gouverneur, le cabinet de Lisbonne avait proposé à celui de Madrid de céder la colonie du Sacramento contre les sept districts espagnols du Paraguay, qu'on désignait alors sous le nom de missions de l'Uraguay.

Le gouvernement espagnol, qui paraissait n'avoir qu'à gagner à un pareil échange, se hâta de l'accepter; mais une difficulté surgit dans les moyens d'exécution.

Il avait d'abord été convenu, et cela paraissait tout simple, que les habitants des territoires échangés passeraient immédiatement, par le fait même de l'échange, sous le sceptre de leur nouveau souverain; mais on ne s'en tint pas à cette mesure. On imagina de faire l'échange des habitants comme on avait fait celui de la terre, et on voulut obliger les Indiens de l'Uruguay à aller s'installer dans la colonie du Sacramento pendant que les habitants du Sacramento iraient s'établir à l'Uruguay.

Il y avait, il faut le dire, dans cette manière de procéder une pensée généreuse : on voulait que les peuples conservassent leur nationalité, et on jugeait qu'il était moins pénible pour un chef de famille d'être transféré avec tous les siens sur une nouvelle terre appartenant à son pays, que de rester sur un territoire ayant changé de maître, c'est-à-dire qu'il valait mieux continuer à être Portugais au Paraguay, que de devenir Espagnols en restant au Sacramento, et *vice versa*.

Le roi de Portugal, Joseph Ier, qui aimait tant son peuple, avait donc, sur le conseil de ses ministres, résolu d'opérer une transmigration qui laissait chaque peuple gouverné par ses lois et selon ses coutumes, en réduisant la question à un simple changement de résidence.

Mais des deux côtés on se trouva en face d'une résistance opiniâtre.

Dans l'Uruguay, 4,000 hommes de troupes firent plusieurs tentatives inutiles pour réduire les Indiens. Les jésuites s'étaient mis à la tête du mouvement, et le roi fut dans la nécessité d'envoyer don François Xavier Mendoça, capitaine général, gouverneur du Maranham et du grand Para, avec des forces considérables pour comprimer la révolte.

Les troubles s'apaisèrent ; mais cet échange du Paraguay et de la colonie du Sacramento fut, pour l'avenir, un sujet de querelles continuelles entre le Portugal et l'Espagne.

Après les désastres que l'île Saint-Thomas avait eu à souffrir par suite des attaques dont elle fut l'objet, des dissensions intestines s'y étaient encore élevées à propos de certaines attributions que se disputaient les autorités civile et religieuse.

Le roi Joseph fut obligé, pour obvier aux réclamations sans nombre qui lui parvenaient à ce sujet, de la reconstituer, en 1755, en simple capitainerie, et, comme cette sage mesure était encore insuffisante, le 23 juillet 1770 il rendit un décret qui interdisait formellement à la municipalité de s'immiscer dans les affaires du gouvernement.

L'île du Prince reçut aussi un régime administratif plus approprié aux besoins de l'époque; elle appartenait à la famille Carneiro, le roi Joseph la reprit en échange du comté de Lumiares.

Pendant le règne du roi Joseph, les colonies furent l'objet de réformes importantes qui témoignaient de l'intérêt que portait ce sage monarque à ses possessions d'outre-mer. De grandes améliorations furent introduites dans l'administration de la justice en Amérique et dans les colonies de la côte d'Afrique, les tribunaux dispendieux furent supprimés et remplacés par d'autres beaucoup plus paternels et coûtant moins cher aux justiciables et à l'État.

Les possessions du Brésil reçurent également un nouvel accroissement de prospérité par l'encouragement que le roi donna à la culture des plantes tropicales dont le commerce prit un grand développement.

Des événements considérables s'étaient passés dans les Indes.

Pendant que les Hollandais négociaient avec le roi de Calicut pour s'emparer de Cochin, les gouverneurs portugais avaient eu soin de garnir de troupes et de munitions les places menacées, de manière à faire évanouir les projets de leurs ennemis.

Dès que l'état de paix le permit, le vice-roi Jean Nunez d'Acunha résolut de préparer une grande expédition militaire contre les Arabes ; malheureusement la mort le frappa au moment où il se disposait à la tenter.

Trois gouverneurs remplacèrent successivement ce vice-roi.

Un décret de juillet 1751 permit à toutes les nations d'introduire en Portugal les marchandises des Indes, et des vaisseaux de guerre furent armés pour protéger la navigation, rendue libre par cette mesure, contre les corsaires d'Alger et de Salé, qui commettaient des pirateries sans nombre.

En 1753, Joseph Ier réunit à la couronne, par un édit, plusieurs fiefs qui en avaient été démembrés dans les possessions portugaises en Afrique et en Amérique ; il augmenta ainsi les revenus de l'État et accorda, pour dédommagement, des pensions annuelles et des titres aux seigneurs dépossédés. Néanmoins, cet édit avait fait des mécontents.

L'année suivante, un autre édit créant une compagnie pour le commerce exclusif de la Chine et des Indes, commerce permis jusqu'alors indistinctement à tous les citoyens, suscita de nouvelles clameurs. Felicien Velho Oldenbourg, négociant de Lisbonne, avait été mis à la tête de cette compagnie avec des priviléges considérables.

Le 30 juillet 1759, une seconde compagnie commerciale et coloniale fut établie sous le titre de Compagnie générale de Fernambouc et Paraïba.

En 1761 survint une nouvelle convention entre le Portugal et l'Espagne, ayant pour but de fixer de nouveau les limites des possessions que ces deux puissances avaient en Amérique et en Asie. Cette limitation était devenue indispensable depuis les événements survenus par suite de la cession du Sacramento qui, aux termes du nouveau traité, fit retour au Portugal.

L'empereur de Maroc était venu subitement attaquer l'établissement de Mazagran qui appartenait au Portugal, et le gouverneur, hors d'état de résister, avait fait sauter les fortifications. La garnison et les habitants purent se réfugier à Saint-Jean-de-Macapa, qui devint rapidement un grand centre commercial, après qu'une trêve eut été signée entre le Portugal et le Maroc.

Une loi du 16 janvier 1773 montra de quel bienveillant esprit était animé le roi de Portugal envers ses sujets des colonies, et fut considérée par tous les hommes d'État, comme un fait politique de la plus haute importance en faveur des possessions d'outre-mer. Cette loi bienfaisante et généreuse, qui devançait de beaucoup les idées de son temps, déclara libres et habiles à posséder toute espèce d'emplois, les esclaves nègres, mulâtres ou blancs, qui prouveraient que leur mère, leur aïeule et leur bisaïeule avaient satisfait à la dure loi de l'esclavage. Ceux qui ne pouvaient faire cette preuve que jusqu'à la seconde génération devaient servir jusqu'à leur mort, à moins qu'ils ne fussent nés depuis la publication de cette loi ; mais la liberté était assurée à leurs enfants.

Le Portugal avait envoyé des forces importantes au Brésil; cependant jugeant nécessaire de les augmenter, le gouvernement ordonna à Minas-Geraes une levée de mille hommes; mais une grande partie des habitants pour se dérober à l'enrôlement s'enfuirent dans les montagnes et on ne put réunir qu'un petit nombre de soldats.

Néanmoins il était devenu utile de fortifier et d'approvisionner de munitions de toute espèce l'île Sainte-Catherine, qui était regardée à juste titre comme la clef du Brésil méridional, et les commandants portugais se mirent en devoir de se défendre contre les hostilités sourdes auxquelles se livraient chaque jour les Espagnols.

En vain l'Espagne, pour donner le change, allégua certains actes répréhensibles commis par des Portugais ; il était évident qu'elle ne cherchait qu'un prétexte pour entamer la guerre. Au mois de novembre 1776, une flotte espagnole considérable chargée de troupes, d'armes et de munitions, fit voile pour l'Amérique, sous le commandement de don Pedro Cevalos, et bientôt toutes les places dont les Portugais s'étaient emparées tombèrent au pouvoir des Espagnols ainsi que l'île de Sainte-Catherine et la colonie du Sacramento.

L'année suivante, le traité préliminaire, dit de Saint-Ildefonse, vint régler toutes les contestations relatives aux limites des deux États en Amérique.

Le Portugal céda définitivement à l'Espagne la colonie du Sacramento, avec la navigation exclusive des rivières de la Plata et de l'Uruguay et l'île Saint-Gabriel; il renonça aux droits qu'il pouvait avoir sur les îles Philippines et Mariannes ; de son côté, l'Espagne rendit l'île Sainte-Catherine et la partie du continent qui l'avoisine.

Le traité de Saint-Ildefonse fut ratifié le 11 mars 1778 par un traité d'amitié, de paix et de commerce qui fut signé par les mêmes plénipotentiaires, et qui établit enfin entre les deux nations une garantie réciproque de leurs possessions dans l'Amérique du Sud.

L'île d'Annobon située sur la côte d'Afrique et celle de Fernando-Po dans le golfe de Guinée, furent cédées à l'Espagne par ce nouveau traité; mais les Espagnols essayèrent vainement d'en prendre possession. En 1827 les Anglais tentèrent à leur tour de s'y établir, ce fut encore inutilement. Enfin en 1843 elles revinrent définitivement à l'Espagne.

Des difficultés s'élevèrent avec la France à propos de la délimitation de certaines possessions coloniales.

Le Portugal prétendait avoir la propriété exclusive de la côte occidentale d'Afrique, depuis Saint-Paul de Loando jusqu'au cap de Bonne-Espérance; et se fondant sur cette prétention les Portugais avaient détruit en 1781 un comptoir fondé par l'Allemagne dans la baie de Lagoa.

En 1783, ce fut encore en raison de ce droit de

propriété qu'ils résolurent de s'emparer de l'établissement français de Cabinde, sur la côte d'Angola, et d'y élever un fort. Mais la cour de Versailles qui prétendait de son côté que les possessions portugaises s'arrêtaient à la baie Rouge, et que depuis cette baie jusqu'au cap de Bonne-Espérance les côtes étaient concurrentes, chargea le chevalier Bernard de Marigny de faire respecter, même par la force, le libre accès de ces côtes.

Bernard de Marigny arriva à Cabinde à la tête d'une escadre, et le commandant portugais qui se trouvait dans l'impossibilité de se défendre fût obligé de consentir à ce que les retranchements élevés par lui fussent démolis.

En 1797, un traité signé entre le Portugal, la France et la République batave portait que les limites des Guyanes française et portugaise devaient suivre le cours de la rivière Calcuene, appelée par les Français, Vincent Pinson, depuis son embouchure dans l'Océan au-dessus du cap Nord, à environ deux degrés de latitude septentrionale, jusqu'à sa source. Depuis ce point, une ligne droite devait être tirée vers l'ouest jusqu'au Rio Branço. Le cours entier de la rivière Calcuene devait appartenir en toute propriété à la République française.

Ce traité ratifié par la France ne le fût pas par le Portugal; mais en 1801 intervint le traité de paix de Badajoz, aux termes duquel le Portugal céda à l'Espagne Olivença et tout son territoire jusqu'à la Guadiana; les limites de la Guyane française durent suivre le cours de Rio Arawari en tirant une ligne droite depuis sa source jusqu'au Rio Branço.

Le Brésil fut d'abord élevé au rang de royaume, le 16 décembre 1815, par le prince régent, puis son indépendance fut sanctionnée par traité signé à Rio-Janeiro le 27 août 1825, et ratifié par le roi Jean VI à Lisbonne le 5 novembre de la même année.

Aujourd'hui, le Brésil forme un empire florissant; mais on ne doit pas perdre de vue que la prospérité dont il jouit est l'œuvre des rois de Portugal qui n'ont rien négligé pour faire de cette magnifique contrée une des plus prospères du globe, et qu'en y portant tous les bienfaits du christianisme et de la civilisation, ils ont droit à la reconnaissance éternelle d'un peuple qui a pris place parmi les nations les plus puissantes comme aussi les plus favorisées.

La mort de Jean VI survenue en 1826 devait faire passer la couronne de Portugal sur la tête de sa petite fille dona Maria ; mais l'infant don Miguel lui disputa le trône et parvint à l'occuper, laissant à dona Maria la seule royauté de l'île Terceire, dont les habitants, avec cette fidélité dont ils avaient tant de fois donné des preuves, avaient refusé de reconnaître don Miguel pour roi.

On vit alors se produire un magnifique exemple d'héroïsme dans les Açores. Une poignée d'hommes dévoués, obéissant au plus pur sentiment de patriotisme chevaleresque, sans secours, sans ressources, puisant toute leur espérance dans leur courage et le bon droit de leur cause, organisèrent, sur un rocher perdu au milieu de l'Océan, la conquête d'un royaume, et ils l'entreprirent avec une vaillance que couronna dignement le succès.

Les soldats et les officiers portugais qui parvinrent à gagner Terceire constituèrent une petite armée; les pêcheurs qu'on enrôlait et leurs barques qu'on transformait en bâtiments de guerre formèrent toute la marine.

Quinze cents hommes, sous la conduite du général Villaflor, marchèrent résolument à la conquête. Ils s'emparèrent des îles des Fleurs, de Sainte-Marie et de Saint-Georges.

Bientôt, des sept ou huit îles de l'archipel açoréen, une seule restait à prendre: c'était Saint-Michel; mais celle-là comptait cinq mille habitants, et la garnison qui la défendait s'élevait à quatre mille hommes, et était abondamment pourvue d'artillerie.

Qu'importe? la vaillante petite troupe ne s'effraya point de ces obstacles, le général donna l'ordre de débarquer, et au milieu de la nuit les quinze cents volontaires s'attachant au flanc des rochers, gravissant les pentes les plus abruptes, s'aidant des pieds et des mains, parvinrent à atteindre le plateau et à s'y établir.

A peine en possession de cette position, dit l'auteur de l'*Histoire chevaleresque*, le comte de Villaflor fut abordé par un pêcheur qui lui remit une lettre de don Pedro. Surpris de cette missive, le comte interrogea le pêcheur et lui demanda comment il se trouvait possesseur d'un semblable message.

« Cet homme lui raconta qu'ayant aperçu une frégate sous pavillon anglais, qui lui semblait vouloir s'approcher du rivage, il était allé à sa rencontre. Sur cette frégate paraissait commander un Portugais dont l'extérieur annonçait un haut personnage. Il avait bien voulu s'entretenir avec lui de l'esprit qui animait les habitants des Açores et avait fini par lui remettre une lettre pour le consul anglais et un billet pour lui ; après quoi la frégate s'était éloignée.

Demeuré seul, le pêcheur ouvrit le billet, il contenait quatre pièces d'or avec ces mots : « Celui qui t'a parlé et te donne cet or, est le père de ta reine. Aux armes ! braves insulaires. »

Quant à la lettre, il se hâta de la porter au consul anglais qui la lui rendit, en lui ordonnant de la remettre secrètement au comte de Villaflor. Cette lettre était à la fois un témoignage de reconnaissance et d'encouragement pour les fidèles serviteurs de dona Maria et un exposé de la situation.

Don Pedro y faisait savoir qu'il venait en Europe sur une frégate anglaise, et que sa fille, la reine, partie en même temps que lui de Rio-Janeiro à bord de la frégate *la Seine*, devait se rendre à Brest. Il terminait en assurant le comte et tous les Portugais qu'infatigable à soutenir en Europe les intérêts de leur jeune souveraine, il se dévouerait sans réserve à la cause constitutionnelle et à la charte.

La missive royale, honorable et précieuse pour

tous, fut montrée par Villaflor à ses soldats, qui furent enflammés d'une nouvelle ardeur de livrer bataille.

Les chasseurs à pied, sous les ordres du colonel Xavier, attaquèrent à la baïonnette, malgré le feu des batteries, la formidable position de Ladoëiva da Velha et parvinrent à s'en emparer, tandis que les *volontaires académiques*, commandés par le major Soares Luna, se précipitaient sur les autres positions. La victoire fut complète.

La capitale de l'île fut prise, et bientôt dans tout l'archipel le pouvoir de la reine fut reconnu.

Don Pedro était venu en France, et avec l'assentiment du gouvernement il avait organisé un corps de troupes. Des armateurs mirent à sa disposition deux navires; il s'embarqua à Belle-Ile le 10 février 1832, et arriva peu de temps après à Terceire.

Au mois de juin suivant, l'armée de la reine, dont l'effectif se montait à sept mille cinq cents hommes, se dirigeait vers le Portugal, sur quarante-deux bâtiments de transport. Elle entrait le 7 juillet dans la rade de Villa do Conde, à vingt kilomètres de Porto, et le 22 septembre, dona Maria recevait la couronne de Portugal des mains de son père.

Ce sont donc les colonies du Portugal, les îles Açores qui, après de nombreux exemples de dévouement et de fidélité à leurs souverains, peuvent s'enorgueillir à juste titre d'avoir les premières reconnu l'autorité de leur reine légitime et de lui avoir fourni les moyens de prendre possession d'un trône que lui avait légué une succession de sages monarques et de héros.

IV

DE L'ÉTAT PRÉSENT DES COLONIES

ET DE LEUR AVENIR

IV

De l'état présent des Colonies et de leur avenir.

Les différents souverains du Portugal ont fait beaucoup pour le développement des colonies, c'est incontestable ; toutefois, en rendant pleine et entière justice aux grandes choses entreprises par les prédécesseurs de Sa Majesté don Luis Ier, on ne saurait manquer de reconnaître que nul, plus que le jeune souverain qui porte si noblement le sceptre des maisons d'Avis et de Bragance, n'avait réussi à ouvrir une ère plus féconde aux colonies portugaises.

Mais avant d'aller plus loin et d'examiner l'ensemble des sages et utiles décisions prises par Sa Majesté, lesquelles forment une série de décrets qui seront à l'éternel honneur de son règne, voyons d'abord quelles sont aujourd'hui les colonies possédées par le Portugal.

Malgré les pertes considérables qu'il a éprouvées, le Portugal possède encore, à l'heure où nous écrivons, un ensemble de colonies fort vaste et dont l'importance politique et commerciale n'est pas suffisamment appréciée.

Il n'est donc pas inutile d'indiquer ces nombreuses possessions ainsi que leurs principales richesses pour qu'on puisse juger de l'avenir qui leur est assuré par l'attentive sollicitude du souverain, par la multiplicité et la rapidité des relations commerciales.

COLONIES D'AFRIQUE.

1° Les *Iles Açores*, avec une superficie de 2,400 kilomètres, ont une population de 214,000 habitants. Leurs produits consistent principalement en oranges, citrons, céréales, légumes et vins. Elles forment un point de relâche pour les bâtiments qui traversent l'Atlantique, et sont fréquentées par les baleiniers anglais et américains.

Le commerce des Açores représente un mouvement de 40,000 à 50,000 tonneaux et une valeur de 8 à 9 millions de francs, entrée et sortie réunies.

Les importations, consistant en provisions et denrées de toute sorte, sucre, café, riz, sel, salaisons, huile de poisson et objets manufacturés, s'élèvent en moyenne à 4 millions de francs, dans lesquels les tissus seuls figurent pour 1,200,000 francs.

Les exportations peuvent être évaluées comme il suit :

			fr.
Oranges.	130,000 caisses d'une valeur de.		2,275,000
Céréales et légumes .	150,000 hectol.	—	1,800,000
Vins	17,000 —	—	680,000
Cuirs, Fromages, Bétail, etc.			145,000
	Total.		4,900,000

L'Angleterre entre pour moitié dans ce mouvement d'échanges, le Portugal n'y contribue que pour un tiers. Le reste se partage entre les États-Unis et le Brésil.

Un rapport adressé au gouvernement des États-Unis par M. Caleb Cushing, ministre plénipotentiaire en Chine, pendant son passage aux Açores, renfermait les indications suivantes :

« Le climat de ces îles est des plus doux ; les fruits des tropiques et ceux des régions tempérées y croissent en abondance ; j'y ai vu le muscadier, le cannellier et le camphrier de l'Orient venir en pleine terre ; on y trouve en outre, de même qu'aux Canaries, une plante précieuse aux arts industriels, l'orseille, qui fournit une magnifique teinture violette et dont la rareté est telle que le tonneau (de 1,015 kilogrammes) vaut ordinairement à Londres de 200 à 300 livres sterling (5,000 à 7,000 fr.), et s'est élevé parfois jusqu'à 1,000 livres sterling (25,000 fr.). C'est de cette sorte de lichen (*roccella tinctoria*) ou de l'autre genre (*cochanora tartarea*) qu'on obtient la matière colorante du papier de tournesol, ce réactif d'un si grand emploi en chimie. »

La population de Saint-Michel, l'île la plus riche du groupe des Açores s'élevait en 1860, avec les habitants de la petite île voisine de Sainte-Marie, à 108,000 âmes. Teirceire en compte 45,000, Fayal, de 23 à 24,000; l'ensemble de l'archipel 380,000.

Le luxe se développe de plus en plus dans les Açores, surtout à Saint-Michel où il existe de grandes fortunes de 50 et même de 300 à 400,000 francs de rentes, et une aisance générale due à la fertilité du sol et à la mer poissonneuse qui le baigne. Cette île a rapporté à elle seule, en 1860, au gouvernement portugais, en droit de douanes et contributions diverses, 1,138,000 francs, et le reste de l'archipel environ la moitié de cette somme, ce qui porterait déjà à plus de 1,500,000 francs le revenu que le fisc en tire annuellement.

L'île de Saint-Michel exporte des céréales pour le Portugal et l'Angleterre, à laquelle elle envoie en outre dans les bonnes années jusqu'à 250,000 caisses de 900 oranges, soit en totalité 225 millions d'oranges; 300 navires anglais, qui arrivent généralement sur lest, sont employés chaque année à ce transport.

L'exportation des fèves, des haricots, des blés et du maïs s'effectue par une centaine de navires portugais. Le maïs depuis quelques années n'est plus dirigé sur Lisbonne, mais exclusivement aussi sur le marché de la Grande-Bretagne.

Les Cortès ont voté la construction de docks à Saint-Michel qui manque d'abri pour les bâtiments; mais il est à craindre que cette amélioration ne se fasse encore longtemps attendre.

Dans l'île de Terceire, la valeur des importations

s'est élevée, en 1860, à 1,789,000 francs dont 1,276,000 provenant du Portugal, 487,000 d'Angleterre, et 26,000 d'Amérique; celle des exportations à 1,960,000 francs, dont 1,524,000 pour le Portugal, et 436,000 pour l'Angleterre. Les principaux produits de l'île sont le blé, dont 6,400 muids ont été dirigés sur Lisbonne et Porto, le maïs, dirigé sur le port de Cork, en Irlande, et les oranges, dont on évalue la récolte à 600,000 caisses de 600 oranges chacune et du prix de 5 à 6 francs sur place.

130 navires, dont 63 portugais, 62 anglais, 4 français et 1 américain, ont concouru, en 1860, au mouvement maritime de Terceire.

Dans l'île Fayal, on estimait, en 1860, les importations à 1,624,000 francs, dont 490,000 du Portugal 376,000 d'Angleterre, 233,000 des États-Unis, et le reste des autres îles de l'archipel même; les exportations à 747,000 francs dont 325,000 pour l'Angleterre, 37,000 pour les États-Unis, 124,000 pour le continent portugais, et le reste pour les Açores mêmes.

Le mouvement maritime de Fayal a été, la même année, de 106 navires, jaugeant 31,078 tonneaux. Notre pavillon y a concouru pour 21 navires, jaugeant 5,806 tonneaux. De plus 84 baleiniers américains ont dans le courant de l'année relâché à Fayal afin de se ravitailler. Ils y ont laissé 6,306 barils d'huile de cachalot, estimés à 1,368,000 francs, à réexporter en Amérique.

Fayal produisait autrefois d'excellents vins, l'un très liquoreux, connu sous le nom d'Angelica, l'autre assez semblable au madère, et recherché en Angleterre; mais là aussi l'oïdium a presque entièrement étruit la vigne.

Les trois îles dont il vient d'être question se trouvent reliées depuis quelques années à Lisbonne, par un service mensuel de bateaux à vapeur fortement subventionné par le gouvernement. Il en est résulté une grande augmentation d'activité dans les échanges auxquels nos articles de Paris contribuent pour une part qui tend toujours à s'accroître. L'importation se compose en outre de soieries, cotonades, lainages, vins, eaux-de-vie, huile, sucre, vinaigre, sel, fromage, papier, fer, bois et bougie; elle s'effectue pour les articles anglais par l'Angleterre directement, pour les articles brésiliens et français par l'entrepôt de Lisbonne.

Le développement des cultures du coton, de la canne à sucre, de la cochenille et de la soie augmenterait promptement la richesse commerciale des Açores, sans l'esprit de routine qui fait persister les cultivateurs de cet archipel à produire des céréales communes; tandis qu'on pourrait les demander au commerce en échange des produits plus rares qu'il serait facile d'obtenir en abondance sur les lieux.

L'excellent miel des Açores s'exporte en partie pour l'Angleterre et le Portugal. On y fabrique des draps communs, de la toile et des clous ainsi que des fleurs très-bien imitées en plumes.

Madère et *Porto-Santo* n'ont ensemble que 700 kilomètres de superficie et 116,000 habitants. Toute leur richesse consiste dans la production du vin, dont il s'expédie chaque année de 8,000 à 9,000 pipes sur lesquelles Madère seule en fournit 7 à 8,000.

Quoique le vin forme la majeure partie des exportations, elles comprennent cependant encore quelques fruits frais ou confits et des légumes renommés.

Les produits des manufactures françaises sont très-recherchés à Madère.

Les importations de l'île de Madère furent, en 1860, de 3,754,000 francs, et les exportations de 2,697,000.

Depuis 1852, époque de l'apparition de l'oïdium à Madère, la production vinicole y a décru, et le vin y est devenu relativement médiocre. Ce vin est pourtant entré, grâce à des réserves antérieures, pour 1,270 pipes dans l'exportation de Madère en 1860; quantité qui représentait une valeur de 2,540,000 fr., ainsi répartie :

	Pipes.	fr.
Angleterre	870	1,740,000
États-Unis	140	280,000
Russie	110	220,000
Allemagne	45	90,000
France	40	80,000
Nord de l'Europe	35	60,000
Portugal	20	40,000
Brésil	10	20,000

La canne à sucre réussit bien à Madère, où on l'a substituée presque partout à la vigne. Le produit, en 1860, a été de 235,000 kilogrammes de sucre et de 2,475,000 litres de tafia. On obtient aussi, depuis cinq ans, de très-bons résultats de la cochenille.

306 navires de commerce, jaugeant 67,836 tonneaux, et 64 bâtiments de guerre représentent le mou-

vement de la navigation à Madère en 1860. Dans le tonnage des premiers, le pavillon anglais compte pour 38,700, le portugais pour 15,763, ceux de l'Espagne, des Etats-Unis, de la France, etc., pour des chiffres insignifiants.

Les îles du Cap-Vert, qui occupent un espace de 4,274 kilomètres, ont surtout de l'importance par le point de relâche et de ravitaillement qu'elles offrent à la navigation transatlantique.

Elles comptent une population de 65,000 habitants.

Cet archipel se compose de dix îles principales qui livrent au commerce du sel, de l'orseille, une sorte de ricin, des bestiaux, des provisions, et une grande variété de fruits frais et de légumes.

En 1843, les exportations montaient à 517,000 francs, et les importations à 638,000. Depuis cette époque, ces chiffres se sont considérablement accrus. Les Portugais et les Américains y entretiennent des relations très-suivies.

Les principales îles sont : à l'est, Boavista ; c'est la plus grande et la plus orientale après San-Yago; le coton et l'indigo y sont indigènes et très-abondants ; sources salées, 10,000 habitants.

Au nord, Saint-Antoine ; un canal de 12 kilomètres de large la sépare de l'île de Saint-Vincent, les navires européens y relâchent pour se procurer des fruits, du bétail, du sel ; cette île possède un excellent mouillage abrité par de hautes montagnes. 4,000 habitants, presque tous nègres, pilotes ou pêcheurs de profession.

Saint-Luc est fertile en fruits et en bois.

Sainte-Lucie, couverte de montagnes, au nord-ouest, et presque partout d'un abord assez difficile à cause des récifs qui l'entourent. Elle est peu habitée ; il s'y trouve des bœufs, des chèvres et des ânes à l'état sauvage.

Saint-Nicolas, dont les côtes présentent, au sud, un grand promontoire et les baies de Saint-Georges et de Tanafal ; montagneuse à l'ouest, à l'intérieur vallées fertiles; population, 6,583 habitants ; chef-lieu, la ville de Saint-Nicolas, peuplée de 1,600 habitants, est la résidence de l'évêque de l'archipel.

Sel ou Sal, au nord-nord-ouest de l'île Boavista, ayant une longueur de 31 kilomètres sur 9 de largeur.

Mayo, à l'ouest de l'île San-Yago ; circonférence 30 kilomètres ; la côte est rocheuse, bordée de bas fonds au nord et au nord-est. Cette île est à peu près stérile, mais il s'y trouve une mine de sel très-abondante. Elle renferme trois petits centres de population : Pinosa est le principal.

San-Iago ou Yago, la plus grande des îles du Cap; elle est située dans la partie sud du groupe et mesure 50 kilomètres du nord-ouest au sud-est, et 22 du nord-est au sud-ouest. Une chaîne élevée la parcourt dans toute sa longueur; le sommet principal est nommé pic de San-Antonio; son climat est des plus salubres; 20,500 habitants portugais et nègres. Cette île est très fertile et bien cultivée ; elle produit des grains, du café d'une qualité supérieure, du sucre, de l'indigo et du coton en abondance; on y fabrique de belles étoffes de coton qui sont exportées ainsi que quantité de mulets. Porto-Praya, dans le sud, est une excellente place de relâche; la rade en est sûre et d'un bon mouillage. Ce port est devenu le chef-lieu de l'île au lieu de la ville de San-Iago. On y compte onze paroisses.

Saint-Jean ou Brava, île très-montagneuse et continuant la chaîne de montagnes qu'on observe à San-Iago et qui se dirige de l'est à l'ouest; elle est à 95 kilomètres ouest de cette dernière, elle produit d'excellent vin et du salpêtre.

Enfin l'île Saint-Philippe ou de Fuego, célèbre par son volcan dont l'éruption est encore en activité.

Ces îles, d'origine volcanique, sont généralement montagneuses et arides; le sol est stérile dans les parties pierreuses, mais dans les vallées on trouve une végétation luxuriante; les orangers et les citronniers portent des fruits d'une grosseur remarquable; la canne à sucre réussit très-bien, et on récolte des raisins deux fois par an.

Les montagnes sont remplies de chèvres et de petits bœufs; les nègres élèvent des ânes, des mulets, des moutons, des porcs, de la volaille. Le sel marin est l'objet d'une exploitation très-importante dans les îles de Sel, de Boavista et de Mayo. L'exportation de l'orseille, du coton, de l'indigo, de l'huile de tortue, du rhum, se fait sur une grande échelle, mais principalement avec les Etats-Unis.

La population des îles du Cap-Vert est de 67,347 habitants portugais, mulâtres et nègres.

Elles forment un district administratif dont dépendent les îles Bissagos, la ville de Cacheo et les établissements de Zenghicar, de Farim et de Gueba; le chef-lieu est Villa de Praya.

2° *Les îles de Sénégambie.*

Les plus importantes sont les îles Bissagos, sur la côte occidentale de la Sénégambie, à l'embouchure du Rio-Grande, entre le cap Negro et le cap Rouge; les principales sont :

Bissao, île du groupe sur la côte, longue de 70 kilomètres et large de 34. Elle est très-rapprochée du continent; sol fertile, arrosé par de nombreux ruisseaux, produisant du riz, du millet, des ananas et des citrons. On y trouve des bœufs et des vaches magnifiques. Le chef-lieu porte le même nom et a 10,000 habitants.

Bulama, à l'embouchure du Rio-Grande ; elle n'est séparée de la côte de la Sénégambie que par quatre kilomètres. Sa longueur est de 34 kilomètres et sa largeur de 18. Les Biaffares qui l'habitaient furent expulsés par les Bidjougas, que l'on appelle Bissagos. Le sol est très-fertile et produit du riz, de l'indigo, du café et du coton.

Toutes les autres îles sont de moindre importance, telles que Cavallo, Cove, Mil, Cuzegut, Corbite, Genthera, Canebac, Carache, Galine, Formosa ou Warang. Cette dernière est la plus occidentale des îles de l'archipel et boisée sur presque toute son étendue qui a 40 kilomètres de longueur sur moitié de largeur. Assarcas, Mauterre, Yate, Bussi, sont très-fertiles et communiquent entre elles par de bonnes passes. On y trouve d'excellents ports; mais du côté de l'océan, des bancs de sable et de vase rendent l'atterrage dangereux.

Les productions principales de ces îles sont le millet, le riz, les fruits en grandes quantités, et aussi le bétail, dont il se fait un commerce d'exportation assez considérable.

Cacheo est situé sur le Santo-Domingo, à 24 kilomètres de l'embouchure de ce fleuve, à 398 kilomètres de Saint-Louis. Cette ville fait un commerce considérable en or, en ivoire et en cire. Son territoire, arrosé par le Santo-Domingo comprend une étendue de près de 400 kilomètres, et sa population est d'environ 15,000 habitants portugais, mulâtres et nègres.

Les îles de Bissagos et le territoire de Cacheo présentent une superficie totale de 92,920 kilomètres.

3° *Iles Saint-Thomé et du Prince.*

L'île Saint-Thomé, située dans le golfe de Guinée, à 222 kilomètres, ouest-nord-ouest du cap Lopez, occupe une surface montagneuse et très-boisée. La végétation y est très-active; la canne à sucre, le maïs, le millet, le manioc, l'igname, les figues, les dattes, les noix de coco, les oranges, les citrons, les noix de

Cola, y sont très-abondants, et les animaux destinés à l'alimentation, bêtes à cornes, moutons, chèvres, y sont très-nombreux. De cette île on exporte des quantités considérables de sucre, d'indigo, de coton, de noix de Cola et d'étoffes.

La population est de 18,000 habitants; le chef-lieu de l'île est Saint-Thomé, dont le port est petit, mais d'un abri sûr; il est défendu par un fort élevé au nord de la ville sur une lagune de terre; cette ville, peuplée par 2,500 habitants, est le siége d'un évêché.

L'île du Prince, aussi dans le golfe de Guinée, à 150 kilomètres nord-nord-est de l'île Saint-Thomé, compte en longueur, du nord au sud, de la pointe Surras à la pointe Negro, 17 kilomètres; sa largeur moyenne est de 8 kilomètres; son sol fertile, surtout au nord, produit du riz, du tabac, du millet, du manioc, et des cannes à sucre; les cocotiers, les ignames, les figuiers y viennent admirablement. Les ports Saint-Antonio et Bombom, le Porto-Grande sur la côte ouest sont les principaux; à l'ouest est la pointe des Agulhas. La population de cette île s'élève à 4,200 habitants.

Les deux îles réunies occupent une superficie de 1,176 kilomètres carrés.

4° *Possessions du Congo.*

Angola est un établissement situé sur la côte d'Afrique, dont les limites vers l'intérieur des terres ne sont pas rigoureusement définies; toutefois, l'influence, sinon l'autorité incontestée du gouverneur se fait encore sentir à 250 kilomètres de la côte.

Il y a une trentaine d'années, les caravanes de l'intérieur conduisaient à Saint-Paul-de-Loanda, chef-lieu du pays, des bandes nombreuses d'esclaves pour les livrer aux trafiquants de nègres qui y résidaient; mais, en 1844, le vaillant capitaine d'Acunha, investi de la qualité de gouverneur de la colonie, employa tous ses efforts à faire cesser ce commerce qui a fini par disparaître complétement.

Le royaume d'Angola, situé dans la Guinée méridionale, s'étend depuis le Dandu jusqu'au Coanza; jadis, le royaume nègre s'appelait Dongo et s'étendait beaucoup plus loin, mais la partie cédée au Portugal, en 1578, comprend spécialement le territoire qui s'étend entre le Damba et le Coanza, depuis la mer jusqu'au lac d'Aquilonda. La chaleur est extrême dans cette région, mais les nuits sont fraîches et les rosées abondantes.

Le sol est très-fertile en riz et en millet. Les rivières charrient du minerai de fer; des puits et des lacs fournissent du sel en abondance. L'établissement de Saint-Paul-de-Loanda est situé sur la rivière du Bengo, praticable pour les embarcations. Les produits commerciaux de cette colonie sont les dents d'éléphant ou d'hippopotame, la cire, la gomme copal, l'orseille, quelques pelleteries, les pistaches, l'huile de palme, le café, le coton, les bois de teinture et de construction.

Les marchandises recherchées à Angola sont les

vins et les eaux-de-vie de Bordeaux, les étoffes de Rouen, les guinées bleues de l'Inde, les planches, le fer, le zinc en feuilles, le cuivre, les articles de Paris, les comestibles, la poudre, les fusils, les cuivreries.

Les échanges de ces divers produits de provenance opposée constituent donc un commerce très-important et fort lucratif.

Le mouvement d'importation et d'exportation entre Angola et Lisbonne, qui n'avait pas dépassé, en 1844, 700 contos de reis, atteint maintenant en moyenne une valeur annuelle de 3,500 contos, ou 19,444,000 francs. Dans ce total, 2,000 contos ou 11,111,000 francs représentent l'importation d'Angola, et 1,500 contos ou 8,333,000, francs, l'exportation de cette colonie. La première consiste toujours principalement en articles manufacturés d'Europe; la seconde, en orseille cire, café, cuirs, gomme, ivoire, défenses de rhinocéros, d'hippopotame, huile de palme, etc.

Comme on le voit, les exportations figurent pour un chiffre beaucoup moindre que les importations dans le commerce de la colonie avec la métropole, ce qui tient à l'état trop peu développé de l'exploitation des ressources naturelles de cette riche contrée africaine. On songe à y remédier par l'extension plus grande qui pourrait être donnée à la culture du coton. Le coton d'Angola a été comparé en Angleterre à celui d'Égypte, et même reconnu supérieur à ce dernier pour la fabrication des tissus fins. Les frais d'exploitation et de culture sont moindres à

Angola que partout ailleurs. Il existe dans le voisinage de la mer, entre les rivières de Coança et de Bengo, près du chef-lieu Saint-Paul-de-Loanda même des terrains très-propres à la culture du coton, et qui ne se montrent pas moins fertiles, en café, riz, maïs, haricots et manioc. On trouve en quantité, aussi dans la même zone, d'excellents bois de construction et d'ébénisterie, et dans les forêts voisines de Columbo, le gommier copal. Une entreprise bien dirigée ne manquerait pas de tirer un bon parti de tant de richesses, avec l'aide de gérants et de colons acclimatés.

On calcule qu'en moyenne la première culture, la récolte, le nettoyage de la graine, l'emballage et le transport du coton d'Angola en portent le prix à 2,400 reis l'arrobe, ou 93 centimes le kilogramme Il a déjà été pris en Angleterre des engagements pour l'achat du produit total de la récolte.

Il paraît certain qu'il n'y a pas dans la province d'Angola un seul district dans lequel les indigenes n'aient cultivé, de temps immémorial, plus ou moins le coton non-seulement pour leur usage domestique, mais encore pour le commerce. Il y a à Calunguembo, village situé à 70 milles environ de la côte, une foire ou marché périodique où se rendent les indigènes des districts d'Ambaça, Cazengo, Cambambe, etc., avec leurs cotons filés ou non filés, et même avec divers tissus de coton fabriqués par eux. Quelques-uns de ces tissus, notamment les filets de palanquins (*tipora*) et les couvertures ou pagnes, sont très-demandés dans la province, à cause de leur grande élasticité et de leur longue durée, propriétés qui attestent la bonne qualité de la matière première.

Les colons européens d'Angola n'ont jamais, non plus, négligé entièrement la culture du coton, et il est notoire que, dans le cours de ces dix dernières années, divers propriétaires se sont adonnés à cette culture avec des résultats satisfaisants. On aurait même, paraît-il, exporté pour Lisbonne quelques milliers d'arrobes de coton d'Angola, et les fabricants qui les ont employés en ont reconnu généralement l'excellente qualité.

Le coton n'est pas seulement utilisé par les indigènes comme matière textile, mais aussi comme remède tonique, principalement dans les céphalalgies, sous la forme de fumigation, et ce mode d'emploi se retrouve dans les traditions les plus anciennes des différentes tribus. Ce qui surtout confirme la grande antiquité de la culture et de l'usage du coton parmi les indigènes, c'est que la manière dont ils le filent et le tissent encore aujourd'hui est exactement pareille à la méthode employée par les anciens Égyptiens.

On s'est efforcé d'appeler dans les colonies d'Angola et de Mozambique des compagnies étrangères capables d'entreprendre l'exploitation des ressources de cette contrée, et notamment d'y propager la culture du coton. Mais, pour y réussir, il importerait que les dispositions de la loi du 21 août 1856, fixant les conditions auxquelles le gouvernement portugais aliène des terrains dans ses possessions d'outre-mer, fussent étendues et modifiées de manière à offrir de plus grands avantages aux concessionnaires. La mise aux enchères des terres paraît surtout de nature à entraver les demandes et devra être prochainement supprimée. L'article 26 de la loi confère d'ailleurs au ministre de la marine et des colonies le droit d'accorder, sur l'avis du conseil d'outre-mer, à un même individu ou à une compagnie étrangère, une étendue de terrains beaucoup plus considérable que celle de 100 hectares, fixée par ladite loi.

On a de bons renseignements sur la situation de la province d'Angola; il paraît que l'état sanitaire s'y améliore et qu'un grand nombre de Brésiliens vont s'y fixer; les meilleurs terrains pour le coton, sur la côte occidentale, sont situés au sud de Benguéla. Le cotonnier y pousse rapidement et produit dès la première année.

Sur la côte orientale, dans la province de Mozambique, on ne s'est particulièrement occupé jusqu'ici que de l'exploitation des mines. Cependant le célèbre voyageur écossais Livingstone vient aussi, dans le cours de ses dernières explorations vers l'intérieur, le long des affluents du Zambèse, d'y découvrir une région qu'il dit être éminemment propre à la culture du coton.

Depuis l'abolition de l'esclavage, et d'après la loi dite *liberto*, qui continue toujours à être en vigueur, les nègres s'achètent pour dix années à un prix qui varie de 120 à 140 francs. Au bout de ce laps de temps, ils recouvrent leur liberté. Si on préfère les louer à tant par jour, on leur paye environ 50 centimes.

Les droits d'exportation sur le coton sont de 1 p. 0/0 de la valeur. Les envois de coton d'Angola ne portent encore que sur de petites quantités généralement destinées à Liverpool, où elles obtiennent de bons prix.

Le gouvernement portugais a rendu, en 1861, un nouveau décret pour l'encouragement de la culture du coton, dans ses provinces d'Afrique. A cet effet, l'exportation du coton desdites provinces est déclarée libre de tout droit ; l'État affecte une somme de 20 contos, environ 110,000 francs par an pendant trois années, à l'achat de semences, de machines, instruments et ustensiles, qui seront livrés aux cultivateurs ; il autorise les gouverneurs des colonies d'Afrique à faire, soit aux particuliers, soit à des compagnies nationales ou étrangères, des concessions directes de terrains, dont aucune cependant ne pourra dépasser 1,000 hectares, moyennant une simple redevance annuelle de 10 reis (5 centimes 1/2) par hectare. Cette mesure est accompagnée de la fondation de prix annuels importants pour les cultivateurs de lots de terrain de différentes étendues.

Les concessionnaires seront tenus d'exploiter le terrain dans le délai fixé par le contrat, sous peine d'une amende de 100 reis à 1,000 reis par hectare non cultivé, ou de la perte de la concession à la fin de l'année suivante.

Le privilége de l'immunité des droits d'entrée pour

le matériel de culture, d'exploitation, de construction et de transport nécessaire aux cultivateurs leur est accordé pour une période de dix ans.

Ilamba, au sud du pays de Golungo, est une province du pays d'Angola. Elle se divise en deux parties dites haute et basse ; la première, plus avancée dans l'intérieur, fournit une grande quantité de fers ; la seconde, plus voisine de l'Atlas, est très-fertile. Elles sont l'une et l'autre l'objet d'un grand commerce pour le Portugal.

Ambriz est une île située sur le fleuve de ce nom, dont la baie offre un très-bon mouillage ; le fleuve d'Ambriz fournit des débouchés faciles pour les produits de l'île, à peu près identiques à ceux d'Angola.

Benguela est une vaste contrée qui a titre de royaume, située sur l'Océan Atlantique, entre le cap Ledo et le cap Negro. Elle est bornée au sud par le pays de Cimbelas, à l'est, par les déserts, et au nord, par les états d'Angola et de Matamba. Sa longueur, du nord au sud, est de 646 kilomètres, et sa largeur moyenne est de 524 kilomètres.

Ce pays, très-accidenté, et d'un aspect fort pittoresque, renferme une population indigène très-farouche. Ses principales richesses consistent en bœufs et moutons, d'une grosseur phénoménale; malheureusement les bêtes féroces qui s'y trouvent en grand nombre en détruisent beaucoup ; des mines de cuivre, du sel et du riz, forment la base d'un commerce important; le climat n'est pas très-salubre, principalement sur la côte où la saison des pluies dure ordinairement pendant les mois de mai et juin. Cependant, on a vu parfois une sécheresse de plusieurs années.

Cet État comprend huit provinces, dont la plus importante est Quissama ; viennent ensuite Lubolo et Bembé.

Le chef-lieu est Saint-Philippe-de-Benguela, à l'embouchure du Maribombo, dans la baie Earta, près de l'Atlantique, à 377 kilomètres de Saint-Paul-de-Loanda ; sa population est d'environ 3,000 habitants, portugais et nègres. Cette ville est pourvue d'une garnison. C'est le lieu d'exportation des criminels du Portugal; c'était naguère l'un des plus grands entrepôts du commerce d'esclaves. Sa baie est sûre et commode.

A 30 kilomètres sud-ouest, au-dessous de Saint-Philippe, se trouve un grand étang salant, voisin de la mer et peu éloigné de mines de soufre, dont l'exploitation appartient au gouvernement portugais et lui fournit des bénéfices importants.

Quissama est située entre la Longa et la Coanza; ses forêts fournissent une grande quantité de miel et de cire ; le sel y est aussi un grand objet de commerce.

Bembé est bornée, au nord et à l'ouest, par les autres provinces du Benguela, à l'est par le royaume de Malemba et par le désert des Yagas, et au sud, par le pays des Cimbelas. Ce pays est arrosé par la Coanza, au nord, et la Bambarougue au sud; il est surtout très-riche en bétail et en gibier.

Mossamedes ou plutôt Novo-Porto de Mossamedes est un établissement du Congo, fort important par la raison que son port est des plus sûrs; il est situé à l'embouchure du Rio-das-Mortes, dans l'Atlantique.

Angola, Ambriz, le Benguela et Mossamedes couvrent une superficie de 809,424 kilomètres carrés et réunissent une population de deux millions d'habitants.

5° *Capitainerie générale de Mozambique.*

Sous ce titre, on comprend les possessions portugaises sur la côte sud-est d'Afrique et sur le canal de Mozambique; elles sont bornées, au nord par le Zanguebar, à l'est par le canal de Mozambique, au sud par le pays des Cafres, à l'ouest par le Monica, le Monomotapa et le pays des Maravis. La longueur du nord-nord-est au sud-sud-ouest est de 2,220 kilomètres, la moyenne largeur de 444 kilomètres et la superficie de 855,000 kilomètres carrés.

La côte est découpée par un grand nombre de baies, dont les principales sont celles de Lorenzo Marquès, deMafumo, de Mossoril, de Sofala et de Saint-Sébastien. On y trouve les caps de Del-Gado, de Saint-Sébastien et des Courants.

Les îles de Mozambique sont en grand nombre le long de la côte, mais peu considérables; ce sont :

l'archipel Quérimbé, l'île de Mozambique, le groupe d'Angoxa, les Primeras et les Bazaruto.

L'intérieur est peu connu ; il est sillonné dans la partie occidentale par les monts Lupata, et un peu à l'est de cette chaîne par les monts Murimbala ; dans le voisinage des côtes le sol est généralement plat. Les cours d'eau les plus importants sont le Zambèze qui traverse toute la contrée, la Sofala, l'Inhambane, la Mouissa ou Espiritu-Santo, le Lorenzo-Marquès et le Mafumo.

Les richesses principales des îles sont le blé, le maïs, le riz, le manioc, le sucre, le café, les ignames, les patates, les pois, les haricots, l'indigo, les plantes oléagineuses et tinctoriales; d'épaisses forêts fournissent d'excellents bois de marine ; les rivières sont très-poissonneuses et on trouve des mines d'or, dont une est exploitée à Zumbo, des mines de fer, de cuivre et beaucoup de salpêtre.

L'exportation consiste en poudre d'or, en dents d'éléphants et de rhinocéros, en peaux et huile d'hippopotame, en ambre gris, riz, blé et maïs ;

L'importation, en tissus de coton et de lin, draps, soieries, verroterie, poudre de guerre, armes, vins, eau-de-vie et liqueurs, sucre, savon, thé, café, viandes salées, beurre, fruits secs, épiceries, etc., etc.

La plus forte partie du commerce extérieur se fait par Mozambique.

La colonie est administrée par un gouverneur général qui dispose de la force armée et qui est assisté d'un conseil composé de l'évêque, du commandant militaire et d'un gouverneur civil. Le gouvernement est divisé en sept capitaineries subalternes qui portent les noms de Baie de Lorenzo-Marquès, Cabo del Gado, Inhambane, Quilimane, Rivières de Sena, Sofala et Mozambique, laquelle est subdivisée elle-même en deux arrondissements, celui de la Terre-Ferme et celui de l'île de Mozambique. La domination portugaise n'est guère que nominale sur presque toute l'étendue de la capitainerie.

On évalue à 300,000 les individus blancs et noirs soumis aux Portugais.

La ville de Mozambique est le chef-lieu de la capitainerie générale et la résidence du gouverneur de la colonie, le siége d'un évêché suffragant de Goa et d'un tribunal civil; son port, sûr et commode, est défendu par une citadelle. C'est le point central du commerce des Portugais sur la côte orientale de l'Afrique; on y compte environ 3,000 habitants dont la moitié nègres. Cette ville a environ neuf kilomètres de circonférence.

Sofala est bornée au nord par le gouvernement des rivières de Sena, à l'est par le canal de Mozambique, au sud par le gouvernement d'Inhambane et à l'ouest par le Monomotapa ; sur la côte sont les baies de Sofala et de Mossangzanei; les principales rivières sont celles de Sofala, Inaqueo et Mata. Le sol est très-fertile et on y fait une grande exportation d'ambre et d'ivoire.

Les iles del Gado situées à l'extrémité de la capitainerie de Mozambique tirent leur nom du cap del

Gado, qui n'est autre que le *Prasum promontorium* des anciens. Ces îles sont de peu d'importance.

Quilimane, dépendance de la capitainerie générale de Mozambique, est située entre la province de Mozambique au nord, le gouvernement des rivières de Sena à l'ouest, celui de Sofala au sud et le canal de Mozambique à l'est; son sol est fertile en tabac et en riz; on y trouve beaucoup de salpêtre. Ce gouvernement fut formé en 1811 d'une partie de celui des rivières de Sena.

Il a pour chef-lieu la ville de Quilimane, près du bord septentrional et à quelque distance de l'embouchure du fleuve du même nom, un des bras du Zambèze; elle est à 244 kilomètres est-sud-est de Sena. Le port, qui est le plus considérable du gouvernement, fait un commerce assez considérable. Il n'y entre cependant que des bâtiments d'un petit tirant d'eau, et encore sont-ils obligés de recourir à un pilote, à cause d'une double barre située dans le fleuve. On en tire de l'or et de l'ivoire en grande quantité. Cette ville est environnée de bois de palmiers et défendue par un fort avec une garnison d'une centaine de soldats.

Inhambane, autre division de la même capitainerie générale de Mozambique, est bornée à l'est par le canal de Mozambique, au nord par le gouvernement de Sofala, à l'ouest par le Monomotapa, au sud par le gouvernement de la baie de Lorenzo-Marquès; sa longueur est de 400 kilomètres et sa largeur de

340. Cette contrée est arrosée par la Sabia et l'Inhambane.

Le chef-lieu est la ville du même nom ; on doit citer aussi la ville de Tongué. Inhambane est la résidence du gouverneur ; elle se trouve située à 900 kilomètres de Sofala et à 920 de Mozambique Il s'y fait un commerce considérable de cuivre, de dents d'éléphants, de cornes de rhinocéros, et d'une sorte de bois très-recherché, nommé lacre et qui pousse abondamment dans ces parages.

L'archipel de Bazaruto est situé près du cap Saint-Sébastien, sur la côte de Sofala et dépend du gouvernement d'Inhambane.

Lorenzo-Marquès est le gouvernement le plus méridional de la capitainerie de Mozambique ; il est borné au nord par celui d'Inhambane, à l'ouest et au sud-ouest par la Cafrerie, et à l'est par l'Océan indien sur lequel il occupe une étendue de côtes de 220 kilomètres, depuis l'Inhanga jusqu'à la baie de son nom. Les Portugais ont fait du principal établissement de cette province le chef-lieu du gouvernement.

Rivières de Sena, gouvernement de la capitainerie de Mozambique, est borné par le pays des Maravis et celui de Quilimane au nord, par le canal de Mozambique à l'est, par le gouvernement de Sofala et le Monomotapa au sud.

Zamba, ville située dans une île du Zambèze, et un fort à Manica, dépendent de ce gouvernement, dont l'étendue est de 732 kilomètres, depuis le canal de

Mozambique jusqu'auprès de Chicova ; la largeur moyenne est de 117 kilomètres, la superficie de 114,000 kilomètres. Le fleuve le Zambèze l'arrose dans toute sa longueur et y reçoit à droite le Manzara et à gauche le Chère. Ces cours d'eau offrent une excellente navigation. Les vents du sud rafraîchissent l'atmosphère.

Les productions les plus importantes sont : le froment, le riz, le maïs, l'orge, le panis, le meixeira, le mugo, le machinin, le senevé, le lin, les plantes oléagineuses, le coton, le café, l'indigo, la canne à sucre, le vin d'ananas et de palmier appelé *Nipa*, les orangers, les citronniers, les figuiers, les grenadiers, les vignes, les plantes médicinales telles que le jalap, la rhubarbe, le sené, la salsepareille.

On y trouve des bois de construction en grande quantité et d'innombrables variétés de matières minérales et végétales propres à la teinture, beaucoup d'oiseaux et d'abeilles dans les bois. Les productions minérales consistent en sel, salpêtre, fer, cuivre, argent, or et pierres de diverses couleurs.

On en exporte pour le Brésil beaucoup d'ivoire, de dents et d'huile d'hippopotame, peaux de tigre, cire, ambre gris, or, cuivre, fer, froment, orge, riz, maïs, meixeira, pois, oignons, huile d'arachide, coton et sel. Cette dernière matière surtout est exportée en quantités considérables.

L'importation consiste en tissus grossiers du nord de l'Asie, en tissus fins, draps de laine, soieries, poterie, verre, fusils, poudre à canon, eau-de-vie, tafia, liqueurs, savon, sucre, beurre, huile, goudron, lavande, poisson salé, olives, thé, café, chocolat, épices, viandes de Portugal, fer en barres, faux corail, cauris, velorio, lalaïm.

Le gouvernement de cette colonie se divise en deux districts : Sena et Têté ; la population est composée de blancs, mulâtres baptisés et de naturels ; ces derniers forment plusieurs peuplades dont on évalue le chiffre à 10,000 ou 14,000 individus.

Le chef-lieu du gouvernement est Têté, qui en est la ville la plus importante après Sena, toutefois. Cette dernière était anciennement le chef-lieu de tout le pays ; elle est située sur la rive droite du Zambèze, un peu au-dessus du confluent de ce fleuve. Les Portugais y ont élevé un fort très-important et des factoreries qui font un commerce considérable avec l'Afrique intérieure. Mais une grande humidité règne dans cette ville et en rend le séjour peu salubre.

Têté a un sol bien boisé et très-fertile ; il produit du café, de l'indigo, des plantes médicinales, on y trouve aussi de l'or et de l'argent. C'est le centre du commerce du Portugal avec l'intérieur de l'Afrique ; la ville est défendue par un fort à quatre bastions.

L'exportation de l'huile, des dents d'hippopotame et du salpêtre, occupe une grande partie de la population.

ASIE.

1° Goa, Salcète, Daman, Diu.

Goa comprend le territoire situé sur la côte ouest de l'Indostan, borné au nord-est par la province de Bedjapoor, à l'est et au sud par la province du Canara, à l'ouest par la mer d'Oman ; sa longueur est de 25 kilomètres, sa largeur de 44, et sa superficie de 360 kilomètres carrés.

Les Ghattes couvrent toute la partie est et projettent des rameaux dont l'un d'eux se termine par le cap Ramus. Les côtes sont sablonneuses et ne présentent pas d'autre port important que celui de Goa. Les rivières principales qui arrosent le pays sont la Mandora et la Salcete.

Le climat est chaud, les ouragans fréquents, au dire de Becherelle à qui nous empruntons ces détails; cependant l'air y est salubre, et son sol fertile produit du riz, du maïs, du blé, de la noix de coco, du poivre, du cardamone, du coton, du chanvre; on y élève une grande quantité de bestiaux, la côte est pleine de salines et la pêche y est très-productive.

La population de ce pays est d'environ 100,000 habitants, dont la majeure partie est portugaise ou d'origine portugaise.

La capitale des colonies portugaises dans l'orient est le nouveau Goa, qui se trouve situé dans la province de Bedjapoor, à 8 kilomètres du vieux Goa ; c'est aujourd'hui la résidence du vice-roi et des principaux colons portugais. Le port du nouveau Goa est l'un des meilleurs de l'Indostan, mais pendant la saison des pluies, la Mandona y entraîne tant de bois que les gros vaisseaux peuvent difficilement y pénétrer. Il est défendu par des forts et des batteries.

La population, d'environ 25,000 habitants, est composée de Portugais, d'indigènes et d'esclaves d'Afrique ; il s'y trouve quelques israélites; le haut commerce est entre les mains de la population chrétienne et le commerce en détail dans celles des juifs.

Les articles d'importation sont principalement les draps, la soie écrue, l'ivoire, le sucre, la laine, la verroterie et quelques articles européens.

Ceux d'exportation consistent surtout en chanvre, noix de bétel, jouets, chapelets, etc., pour l'Afrique.

Le territoire portugais consiste en un district qui entoure Goa et qui est long de 35 kilomètres sur 29 kilomètres de large. Il est borné au nord par le district de Sattarah, au sud et à l'est par les possessions anglaises et à l'ouest par l'Océan. Sa population totale est de 450,000 habitants.

Salcète est une île du pays d'Aurengabad longue de 35 kilomètres sur 26 de large, Tarma en est la capitale, la population est de 50,000 habitants.

Daman est situé dans la province de Gujerate, à 131 kilomètres nord de Bombay, et à 72 sud-sud-ouest de Surate; le port de Daman est très-commode et très-sûr; la ville contient environ 6,000 habitants.

Diu est une île de l'Indostan, près de la côte sud de la presqu'île de Goudjirate. Cette île d'environ 13 kilomètres de long sur 3 de large est fortifiée ; elle a un commerce considérable dû surtout à l'excellence de son port. Diu, capitale de l'Indostan, se trouve située à l'ouest de l'île de ce nom.

Les comptoirs de Goa et de Diu trafiquent principalement entre eux avec Lisbonne et Mozambique.

Le département du commerce avait adressé, en 1867, une circulaire aux principales chambres de commerce de l'empire français pour leur soumettre une proposition de son agent consulaire à Goa, concernant les avantages que les commerçants pourraient retirer de l'établissement, sur ce marché, d'un comptoir de marchandises françaises. Voici un extrait de cette lettre :

« ... Désireux de contribuer au développement du commerce dans ces parages, j'ai l'honneur de solliciter l'envoi d'échantillons de tissus blancs de coton, ainsi que d'indiennes ou toiles peintes de coton, batistes, mousselines blanches et peintes, d'étoffes de laine d'un prix modéré, comme draps noirs, cachemires, robes pour dames, d'étoffes de soie telles que moire antique, taffetas, gaze, de toiles de fil, etc. Chacun de ces échantillons devra être accompagné d'une note indiquant le nombre de mètres que chaque pièce peut contenir, sa largeur et, autant que possible, son poids.

« J'ai tout lieu d'espérer que les négociants français retireront de cet envoi de grands avantages si leurs marchandises peuvent, par leurs qualités et leurs prix, lutter avec les marchandises anglaises.

On pourrait établir à Goa un dépôt de marchandises françaises, non-seulement pour la consommation du pays, qui, rien qu'en tissus de coton, s'élève à plus d'un million de francs; mais encore pour la réexportation dans l'intérieur de l'Inde anglaise, attendu que les marchandises déposées dans notre douane pour la réexportation ne payent aucun droit. En outre, il serait bien plus avantageux pour les consommateurs anglais de tirer d'ici les marchandises dont ils ont besoin que de les faire venir de Bombay, non-seulement parce que Bombay est plus éloigné, mais encore parce qu'elles doivent être expédiées de ce point par mer.

« La ville de Goa retirerait de cette combinaison de grands avantages parce que, pour le moment, tous les articles qui s'y consomment viennent de Bombay. Or, ces marchandises expédiées d'Angleterre à Bombay y payent à l'entrée 10 0/0 de droit de douane, bien que destinées à la réexportation. De plus, en sus du fret, et autres dépenses de transport d'Angleterre jusqu'à Bombay, elles acquittent à Goa ce même droit d'entrée, outre le fret de Bombay qui jusqu'ici n'est pas moindre de 5 p. 0/0. »

Il est bien évident que le développement du commerce et la création d'établissements nouveaux auraient pour résultat d'accroître la prospérité de ces colonies.

2° *Chine*. — Macao, port compris dans la province de Kouang-Toung, dans la baie de Canton; son territoire forme une péninsule occupée par 6,000 habitants environ, Portugais et Chinois. Macao est la résidence du gouverneur portugais, d'un mandarin chinois et d'un évêque suffragant de l'archevêque de Goa.

Le port situé entre l'île et la ville, est exposé aux vents du sud et du sud-ouest, du nord et du nord-est et présente peu de profondeur; les gros navires, ne pouvant y mouiller, jettent l'ancre à 8 kilomètres à l'est, dans une rade spacieuse et magnifique.

Comme place de commerce, Macao est d'une extrême importance et les Portugais y ont établi de nombreux comptoirs qui font des affaires avec la Chine; le transit y est considérable.

OCÉANIE.

L'archipel de la Sonde. — Les possessions portugaises, dans cet archipel, comprennent la partie septentrionale de l'île de Timor et l'île de Kambing; elles ont une population de 850,000 habitants et occupent une superficie de 14,316 kilomètres carrés.

Timor est une île de la Malaisie qui n'a pas moins de 444 kilomètres de longueur sur 110 de largeur soit 23,650 kilomètres carrés. Le sud-ouest appartient aux Pays-Bas et la population entière est de 1 million d'habitants, tant Malais que Portugais, Papous, Hollandais et Chinois.

Le total des importations, depuis une vingtaine d'années, dépasse ordinairement 1 million. Les articles importés sont le benjoin, les comestibles, café, cigares, médicaments, ouvrages de fer, et de cuivre, poterie, résine, riz, sucre, toiles, tabac, étoffes de soie, ouvrages de cuir, papiers, quincaillerie, plomb, savon, draps et vins.

L'exportation, qui s'élève de 7 à 800,000 francs, consiste principalement en bois de Sandal, écailles de tortues, clous de girofles, écorces et teintures, huile de coco, macis, noix, muscades, nids d'oiseaux, etc.

Le sol en est fertile, et les Portugais y font un commerce important.

L'île de Kambing est voisine de Sourabaya, le port est bon et son commerce est assez actif.

Ces possessions donnent ensemble un total de 1,916,365 kilomètres carrés, et on en évalue la population à 3,873,000 habitants.

On voit que, malgré les événements qui ont changé les conditions politiques du Portugal et amoindri sa grande situation passée, l'état actuel des colonies comprend encore de vastes et splendides contrées.

Mais cet immense territoire étant encore administré aujourd'hui comme jadis, ne se trouvait plus dans des conditions d'existence rationnelles ; le temps a marché là comme ailleurs.

Depuis le jour où les Portugais ont montré aux Européens la route des Indes, que chaque nation a eu en vue une conquête partielle, des relations fréquentes se sont établies. Là où n'existaient que quelques huttes, des villes se sont bâties ; ce qui fut d'abord un simple échange de quelques objets de première nécessité, est devenu un commerce régulier ; des moyens de transport nouveaux, beaucoup plus rapides que les anciens, ont permis aux Européens de se répandre partout et d'y porter les idées civilisatrices de l'ancien monde ; des besoins nouveaux ont surgi.

Il était donc nécessaire que tous les établissements fondés dans les diverses parties du monde par ceux qui se sont donné la mission de civiliser suivissent le mouvement progressif qui est dans l'ordre naturel des choses.

Depuis que Sa Majesté don Louis Ier est sur le trône du Portugal, Elle a toujours songé à la réorganisation complète du système administratif des colonies ; ses ministres, dévoués comme leur souverain à la prospérité du pays, ont cherché avec lui les meilleurs moyens à employer pour arriver à ce but.

Des plans soigneusement étudiés ont été soumis à l'examen du roi, et, avec la merveilleuse facilité qu'il possède de pouvoir saisir immédiatement tous les détails corrélatifs d'une idée d'ensemble, il a adopté une série de mesures qui prouvent son ardent désir de protéger, par tous les moyens possibles, les intérêts des colons tout en procurant à la métropole une source de richesses d'autant plus abondante que le produit en sera plus certain.

Il résulte de cet ensemble de dispositions nouvelles qui, en dotant les colonies d'une organisation meilleure, leur apporte une nouvelle existence, qu'aujourd'hui toutes les colonies sont divisées en six gouvernements :

1° Gouvernement des îles du Cap-Vert,

2° Gouvernement des îles St-Thomé et du Prince,

3° Gouvernement d'Angola,

4° Gouvernement de Mozambique,

5° Gouvernement de l'État de l'Inde,

6° Gouvernement de Macao et de Timor.

Restent les îles Madère et des Açores qui font partie désormais de l'administration du Portugal et se rattachent directement à la métropole.

Chacune de ces six provinces est administrée par un gouverneur qui, en plus des pouvoirs civils assez semblables à ceux des préfets de l'Empire français, est investi des pouvoirs militaires.

Un conseil lui est adjoint pour l'examen et l'administration des affaires publiques, ainsi qu'une junte provinciale générale et un tribunal administratif faisant les fonctions de conseil d'Etat pour le contrôle et l'approbation des actes publics. Un comité spécial est chargé de la direction des finances.

Chaque province est divisée en districts, et à la tête de chacun d'eux est placé un sous-gouverneur ayant près de lui une représentation municipale.

Grâce à ce système rationnel et dont le fonctionnement est des plus simples, chaque colonie acquiert une initiative qui lui manquait jusqu'à ce jour, et les actes de son gouvernement spécial se trouvent contrôlés et sanctionnés par l'approbation des divers conseils; il en résulte que les besoins de la colonie étant mis plus facilement sous les yeux de ceux qui sont chargés d'y répondre, sont assurés d'être mieux appréciés et de recevoir une satisfaction beaucoup plus immédiate. C'est ce qui constitue le mérite de cette nouvelle administration dont le point principal est la sauvegarde des intérêts des colons, et, par suite, la prospérité du pays.

Il fallait pour en arriver là, pour transformer ainsi le système administratif colonial, une volonté ferme se dirigeant vers le but qu'elle a entrevu sans hésiter, sans dévier et sans s'arrêter aux doléances routinières ou intéressées qui ne manquent jamais de s'élever lorsqu'un souverain voulant sincèrement le bien de son peuple, marche résolument dans la voie du progrès et des améliorations.

Quel plus bel exemple que celui d'un sage monarque, pesant avec équité les avis de ses conseillers, se rendant un compte minutieux de toutes les observations qui lui sont présentées, et après avoir reconnu que le bien public ressortira des projets à l'étude, s'empressant d'y donner sa royale sanction!

Sa Majesté dom Louis Ier, en signant les décrets d novembre et de décembre 1869, a fait plus qu répondre aux aspirations légitimes de ses sujets de colonies, il les a devancées.

Au point de vue de l'organisation judiciaire, le colonies portugaises sont partagées en deux grande divisions seulement :

1° *District occidental*,

2° *District oriental*.

Le premier comprend les possessions d'Afrique :

Province d'Angola, deux Chambres ;

— de St-Thomé et Principe, une Chambre

— du Cap-Vert, deux Chambres.

Le second comprend : les colonies de l'Inde, de l'Océanie et de la côte africaine baignée par l'Océar Indien :

États de l'Inde, trois Chambres ;

Province de Mozambique, deux Chambres ;

Province de Macao et Timor, une Chambre.

Une cour d'appel est instituée dans chacun de ces deux districts :

Cour d'appel de Loanda dans la province d'Angola ; Cour d'appel de Goa dans l'Inde.

Les conditions d'aptitude des magistrats, leur avancement, leur traitement, ont été l'objet de mesures qui ont donné satisfaction à tous les intérêts. En même temps, les dispositions du Code civil ont été déclarées applicables aux colonies, sous la réserve des coutumes, usages locaux et règlements particuliers qu'il a été nécessaire de maintenir dans quelques localités.

Ce ne sont pas seulement de simples divisions administratives qui ont été formées pour remplacer les anciennes ; toutes les branches du système ont été l'objet d'une étude approfondie : l'administration, la justice, l'armée, l'instruction publique ont eu chacune leur part dans la rénovation générale.

En ce qui touche l'armée, elle a été réorganisée de façon à donner satisfaction complète aux exigences du service, à la défense et à la sécurité des provinces. La durée du service militaire en Afrique et à Timor a été fixée à quatre années ; dans l'Inde et à Macao, à cinq ans.

Des emplois inutiles ont été supprimés ; la situation des troupes en général, et spécialement la situation des officiers, a été améliorée, en même temps que les conditions pour l'admission, l'avancement et la retraite étaient rigoureusement déterminées.

Tous les officiers devront être Européens ainsi que les soldats; une exception existe toutefois pour Timor, où les indigènes peuvent être reçus.

Le service de santé, dont l'utilité est si grande dans des climats présentant des causes d'insalubrité si nombreuses, a également été réorganisé : c'était bien réellement un devoir d'humanité et en même temps un précepte de bonne administration, car la bonne organisation des secours médicaux contribuera efficacement à la prospérité des colonies.

Le personnel se compose désormais : de six chefs

ayant le grade de lieutenant-colonel ou de major vingt médecins de première classe avec le rang d capitaines ; vingt-huit de deuxième classe équivalar à celui de lieutenant, et vingt pharmaciens apparte nant au cadre de santé. Le traitement de ces fonc tionnaires a été mis en rapport avec les nombreu et pénibles services qu'ils sont appelés à rendre. E même temps, des dispositions très-efficaces ont ét arrêtées pour l'organisation des écoles de médecin et pour l'obtention des diplômes.

Des améliorations non moins importantes ont ét introduites dans le service de l'instruction publique Le gouvernement a voulu que les colonies suivissen le mouvement intellectuel de la métropole.

Le nombre des chaires de professeur a été fixé e raison de la population, de l'état particulier de chaqu colonie, et le budget de ce département a été aug menté de 2,400,000 reis.

Un service d'inspection a été organisé d'une ma nière très-sérieuse, et le programme de l'enseigne ment a été minutieusement tracé pour les diverse écoles primaires, secondaires, supérieures, qui on été réorganisées dans chaque province en rappor avec la nature et les aptitudes des populations.

Ces soins et cette augmentation du budget de l'ins truction publique montrent en quel honneur le gou vernement portugais tient l'instruction; cette préoc cupation d'assurer un nombre de professeurs suffi sant dans les différentes possessions d'outre-me prouve combien, depuis un siècle, les idées ont marché dans ce pays que le tremblement de terre de 1755 semblait avoir à jamais ruiné.

Ce que fit le grand Pombal pour rendre à son pays la puissance et la prospérité que le fléau avait momentanément bouleversées, les successeurs du ministre du roi Joseph l'ont noblement continué, et quand on considère les efforts incessants de M. le comte d'Avila, de M. le duc de Loulé et de M. Rebello da Silva, on comprend la marche continue, quoique latente, que le Portugal n'a cessé de faire dans la voie du progrès où s'est lancé si résolument son jeune souverain.

L'initiative ministérielle ne s'est pas arrêtée; on a songé aussi à former aux colonies un service de travaux publics, auquel seront dévolus la construction des routes et des édifices civils et militaires, le déssèchement des marais, source d'épidémies que cette sage mesure devra tarir, la canalisation des rivières, les travaux de statistique et l'exploitation des mines.

Ce service, dont l'importance est considérable, sera dirigé par des ingénieurs réunis en commission et par un certain nombre de fonctionnaires de rang inférieur placés sous leurs ordres.

On a calculé que des sommes importantes seraient nécessaires pour faire face aux travaux les plus urgents. Quelle que soit la dépense, il n'est nécessaire, pour la justifier, que de songer un instant à l'activité commerciale, au mouvement d'affaires et comme conséquence au produit réel que le pays tirera de ces utiles améliorations.

Créer des routes, canaliser des rivières, exploiter des mines, c'est ce qui constitue le moyen le plus sûr d'augmenter la richesse d'une nation; aussi est-ce avec raison que des ressources spéciales et importantes ont été affectées à ces divers travaux.

Quand on considère l'immense étendue de terrains que possède à l'heure actuelle le Portugal dans les pays d'outre-mer, il est bien permis de croire que si ces vastes territoires étaient fertilisés, fécondés, exploités, au moyen de capitaux intelligents et de bras actifs, la fortune publique du Portugal s'accroîtrait dans des proportions énormes. C'est aujourd'hui la pensée de tous les hommes d'État du Portugal.

Le ministère a pourvu aussi à la fondation d'un hospice d'invalides d'outre-mer et des colonies pénitentiaires organisées de façon à assurer l'expiation de la peine en même temps que la régénération morale du condamné. Elles rendront ainsi un double service à la société et, de plus, serviront à peupler les vastes contrées presque désertes soumises à la domination portugaise.

Nous n'entreprendrons point de donner une analyse exacte des quarante décrets rendus à la fin de 1869 et dont la publication par le ministère de la marine et des colonies compose un gros volume; nous voulons dire seulement que tous les tarifs de douanes ont été soigneusement revisés dans l'intérêt des colonies; que la position de presque tous les fonc-

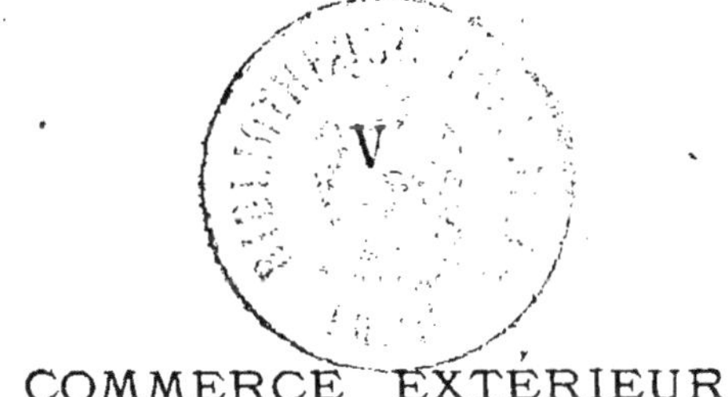

COMMERCE EXTÉRIEUR

DU PORTUGAL ET DE SES COLONIES

V

Commerce extérieur du Portugal et des Colonies.

Ce qui fait la prospérité d'un pays, c'est assurément le développement de son commerce et de ses échanges avec les nations voisines. Il fut une époque où le Portugal se contentait d'acheter au dehors tous les objets dont la fabrication ne lui était pas familière, et n'en exportait pour ainsi dire aucun.

Depuis l'avénement de Pombal aux affaires, cet état de choses changea. Les Anglais, jaloux de la gloire que s'était acquise le Portugal et dépités de ne pouvoir à leur gré traiter le pays en tributaire, avaient répété partout que le royaume était stérile et ne pouvait même suffire à la subsistance de ses habitants : c'était dire que la nature, après avoir produit deux millions d'habitants sur un continent, se refuserait à leur fournir les moyens de vivre!

La logique et le bon sens s'élevaient contre une

pareille insinuation inventée évidemment par la mauvaise foi.

Le ministre de Joseph, après avoir donné une vive impulsion à l'agriculture et à l'industrie, favorisa le commerce extérieur de tout son pouvoir et la prohibition de la sortie du numéraire fut une mesure commandée par la situation.

Il serait curieux de suivre année par année la marche ascensionnelle de l'exportation du Portugal et de ses colonies; mais après avoir constaté qu'à l'époque de l'entrée de Pombal aux affaires, le commerce extérieur était nul, nous nous contenterons de montrer à quel point il est devenu florissant depuis vingt-cinq ans environ.

Depuis la fin du XVIIIe siècle, jusqu'au règne de Jean VI, la valeur des produits industriels exportés du Portugal pour ses colonies se chiffrait comme suit :

	Reis.		Reis.
1796. . .	2,442,600,000	1809. . .	45,160,000
1797. . .	2,864,300,000	1810. . .	43,180,000
1798. . .	4,131,600,000	1811. . .	38,960,000
1799. . .	5,632,000,000	1812. . .	39,930,000
1800. . .	3,470,000,000	1813. . .	55,520,000
1801. . .	3,842,500,000	1814. . .	74,200,000
1802. . .	4,012,300,000	1815. . .	93,940,000
1803. . .	2,774,600,000	1816. . .	115,810,000
1804. . .	3,379,700,000	1817. . .	113,180,000
1805. . .	2,524,700,000	1818. . .	134,010,000
1806. . .	1,919,700,000	1819. . .	124,270,000
1807. . .	108,460,000	. . . . . .	. . . . . .
1808. . .	22,720,000	1830. . .	888,756,000

Ce tableau est très-significatif; on y reconnaît d'abord le progrès qu'avaient fait les manufactures établies par le marquis de Pombal, leur affaiblissement lors de l'invasion française, les fatales conséquences du traité de 1810 avec l'Angleterre, enfin les effets de la séparation du Brésil.

En 1808 il existait beaucoup de fabriques fort importantes auxquelles les Anglais mirent le feu. Presque toutes appartenaient à des Français.

Les étoffes d'or et d'argent, celles de soie, laine, coton et les toiles étaient les principaux articles d'exportation.

Le commerce du Portugal a suivi pendant longtemps les traditions du passé. Tous les ans, 3 navires allaient en Chine; 1 dans l'Océanie; 2 dans l'Inde; 14 ou 15 à Angola et Benguela; 1 ou 2 à Saint-Thomé et à Principe; 60 au Cap-Vert; 7 ou 8 à la Guinée portugaise; 45 à 48 au Brésil; 2 ou 3 à Mozambique, etc., etc.

D'après les tableaux publiés par le gouvernement en 1842 et 1843, l'importation de Chine figurait dans cette dernière année pour 1,450,000 francs, et l'exportation pour 405,000 francs. Les principaux produits importés étaient le thé, la cannelle (cassia lignea), le salpêtre, le riz, les joncs, etc. L'importation du thé en 1843 fut de 184,114 livres. D'après la comparaison de l'année 1842 avec 1843, on remarque que le commerce du Portugal avec l'Asie tendait à augmenter.

Les relations étaient très-actives avec Angola et

Benguela. En 1845, de janvier à octobre, en 10 mois seulement, 13 navires partirent de Lisbonne pour le port d'Angola, et y importèrent pour 3,600,000 francs; 11 en revinrent avec une valeur de 1,318,000 francs.

Les principaux articles exportés d'Angola et de Benguela sont :

	kilogr.
Orseille, environ	500,000
Gomme copal.	300,000
Ivoire	24,0C0
Cire	90 000
Café	5 000
Huile de palme	4,000
Cuirs.	400

L'importation consistait en tissus de coton blanc et teint, tissus de laine, drogueries, fausses perles et verroteries de Venise, chaux, fusils, couteaux, saucissons, papier, huile, souliers, confitures, sel, vin, eau-de-vie, faïence et divers autres articles moins importants.

En 1842, l'exportation du Portugal pour le Brésil fut de 7,653,500 fr. et l'importation de 8,689,000 fr. Mais les affaires paraissent diminuer, car en 1844 l'importation a été de 10,786,000 francs, tandis que l'exportation s'est trouvée réduite à 6,154,000 fr. Cette diminution pour l'exportation est assez sensible pendant cette année, tandis que le chiffre des importations a augmenté.

Les principaux articles exportés par le Portugal pour le Brésil sont des vins, toiles, soie à coudre, serrures, jambons et porc salé, précipité blanc, drogues, chapeaux, etc. Le Brésil expédie en retour du riz, de la cannelle giroflée, de la salsepareille, des cuirs, des châtaignes de Maranhâo, du tapioca, du café, du sucre, du cacao, du coton, de la colle de poisson, du copahu, de la gomme élastique, du manioc, du rocou, des noix muscades, du *fixelin*, des goyaves, de la vanille, des bois de teinture et d'ébénisterie, des monnaies de cuivre hors d'usage.

Le mouvement d'affaires entre les deux pays est de 16 millions de francs. La France pourrait facilement fournir plusieurs des articles d'exportation, tels que le précipité blanc, la soie à coudre, les cordes de chanvre et les drogueries.

Les affaires avec Montevideo furent assez suivies. Lisbonne est un grand marché pour les cuirs, d'où on les réexporte pour Gênes, pour Amsterdam, quelquefois, mais plus rarement, pour Anvers et Marseille.

En 1844, on importa des États-Unis pour près de 1,200,000 fr., et l'exportation s'éleva à 2,750,000 fr. Comparé à celui de 1842, le chiffre de l'exportation présentait une diminution de près de moitié, tandis que l'importation augmentait d'un sixième.

On fit quelques affaires avec Buénos-Ayres. Ce sont aussi des cuirs et des suifs que l'on en reçut.

Le commerce avec le Mexique, le Maroc, l'Egypte et la Turquie fut très-peu suivi ; cependant on fit toujours quelques opérations. Les relations furent plus actives avec le Maroc, d'où on tirait des peaux de chèvre, des gommes, etc. L'importation a été, en 1843, de 26,579,000 reis, et l'exportation de 4,201,230 reis. Terre-Neuve est un des points où le Portugal fait les plus forts achats. L'importation a été, en 1843, de 720,760,190 reis (4,800,000 fr.), l'exportation de 33,728,040 reis (près de 200,000 fr.). Ce sont les Anglais qui effectuent en Portugal cette importation, laquelle consiste en poisson.

Le commerce extérieur du Portugal en 1844 s'est élevé à environ 128 millions de francs, somme sur laquelle l'importation figure pour près des 2/3, ainsi qu'on va le voir par les chiffres ci-après :

		Droits perçus.
	Reis.	Reis.
Importation. . . .	12,314,511,162	2,965,371,574
Exportation. . . .	6,948,416,140	335,003,066
Réexportation. . .	1,882,239,539	13,250,904
TOTAL de la perception. .		3,313,625,544

Soit environ vingt millions de francs.

Voici les pays entre lesquels se répartissait ce mouvement commercial :

	Importation.	Exportation.	Réexportation.
	reis.	reis.	reis.
Grande-Bretagne .	6,530,963,287	3,370,649,370	429,796.760
Brésil	1,797,954,380	1,050,706,402	117,401.827
Espagne.	273,472,587	1,381,123,994	447,664,300
Russie	702,977,840	320,331,853	15,122,000
Terre-Neuve . . .	720,760 190	33,728.040	1,112,000
Etats-Unis	197,624,127	463,000,530	27,642,600
Suède et Norvége.	233,693,710	358,589.953	6 133,000
France	424,969,975	70,507.925	112,485,000
Hambourg	255,492,880	202,833,282	154,046 000
Asie	257,404,400	20 066,665	526,000
Gênes	247,205,688	49,101.312	169,261,000
Gibraltar.	195,046,310	37,408,825	76,186,180
Hollande.	197,249,150	166,798,515	38,414,000
Afrique.	40,868,000	60,852,565	142,870,000
Prusse	89,608,500	1,915,000	10,000
Sardaigne	51,393,400	2,706,295	»

Danemarck. . . .	18 804,620	27,264,703	2,326,000
Autriche	26 919,000	11,009,556	8,695,800
Maroc.	26,759,000	4,201,230	10,882,000
Belgique.	»	23,713,116	»
Turquie	18,825,200	570,000	»
Naples et Sicile. .	2,280,000	18,378,735	17,007,000
Montevideo. . . .	61,000	8,273,900	243,000
Egypte.	4,800,000	»	»
Buenos-Ayres. . .	1,200,000	857,600	100,000
Epaves.	2,444,820	3,163,600	»

Le mouvement commercial entre le Portugal et l'Angleterre (Grande-Bretagne, Terre-Neuve et Gibraltar) est, d'après ce tableau, de 10,888,555,222 reis, soit 65,491,000 francs, c'est-à-dire plus de la moitié des affaires totales du Portugal.

Les principaux articles importés en Portugal par l'Angleterre furent :

		reis.
Tissus de coton.	venant directement d'Angleterre.	3,485,537,442
	par la voie de Gibraltar. .	13,124,600
Lainages.		1,039,312,191
Métaux.		521,111,637
Morue (outre celle de Terre-Neuve). .		221,463,375
Suifs et autres matières animales . .		287,780,090
Fécules.		180,632,720
Chanvres, Lins et Toiles		191,439,059
Pierres diverses, Terres, Charbons, etc		142,682,485
Produits chimiques.		92,662,587
Denrées coloniales.		57,283,519

On voit que les cotonnades figurent dans les importations anglaises pour plus de motié ; a rès cet article viennent les lainages ; réunis, ces deux produits forment plus des trois quarts de toute l'importation de la Grande-Bretagne en Portugal.

L'Angleterre avait exporté du Portugal, du vin, des fruits, du sel, du maïs, des laines et des bestiaux.

Le cadre de notre travail ne nous permettrait pas de suivre d'année en année le mouvement commercial du Portugal, mais nous pensons arriver à en faire suffisamment ressortir l'importance, en prenant pour exemple quelques années espacées entre elles par un certain intervalle. Ainsi, nous voyons que le commerce de la France avec le Portugal, de 1844 à 1849, offre les variations suivantes, dans l'ensemble des échanges directs entre les deux pays :

		Valeur officielle.	
		Commerce général.	Commerce spécial.
		fr.	fr.
Importations de Portugal en France	1844. . . .	2,409,000	1,514,000
	1845. . . .	3,189,000	2,272,000
	1846. . . .	3,725,000	2,247,000
	1847. . . .	2,631,000	1,799 000
	1848. . . .	1,687,000	893,000
Exportations de France en Portugal.	1844. . . .	3,755,000	2,337 000
	1845. . . .	4,579,000	3,253,000
	1846. . . .	3.844,000	2,612,000
	1847. . . .	3,113,000	1,492,000
	1848. . . .	3,757.000	1,949,000
TOTAL des importations et des exportations réunies	1844. . . .	6,164,000	3,851,000
	1845. . . .	7,768,000	5,525,000
	1846. . . .	7,569,000	4,859,000
	1847. . . .	5,744,000	3,291,000
	1848. . . .	5,444,000	2,842,000

On voit que de 1844 à 1849 le commerce direct de la France avec le Portugal s'est très-peu modifié. Nous envoyons à ce pays, en moyenne annuelle, pour environ 3 millions 1/2 de marchandises; il nous en vend, en moyenne aussi, pour 2 millions 1/2. Notre commerce spécial ne figure guère que pour moitié dans ces valeurs.

On sait que depuis 1847 nos valeurs de douanes sont l'objet d'une révision annuelle. Voici en valeurs ainsi revisées, ou *actuelles*, les chiffres de 1847 et 1848.

		Valeur actuelle.	
		Commerce général.	Commerce spécial.
		fr.	fr.
Importations du Portugal en France	1847. . . .	2,629,000	1,799,000
	1848. . . .	1,542,000	830,000
Exportations de France en Portugal.	1847. . . .	2,430,000	1,309,000
	1848. . . .	2,723,000	1,660,000
TOTAL des importations et des exportations réunies.	1847. . . .	5,059,000	3,108,000
	1848. . . .	4,265,000	2,490,000

On va indiquer en valeurs *réelles* ou *actuelles* les principales marchandises qui ont formé la base du commerce général entre les deux pays en 1847 et 1848.

1° IMPORTATION EN FRANCE.

	1847.	1848.
	fr.	fr.
Lichens tinctoriaux.	515,000	289,000
Sel de Saint-Ubes.	544,000	279,000
Peaux brutes.	140,000	132,000
Café.	89,000	160,000
Dents d'éléphant.	292,000	184,000
Fruits secs ou tapés	243,000	124,000
Oranges et Citrons	155,000	51,000
Autres articles	651,000	323,000
TOTAUX. . .	2,629,000	1,542,000

2° EXPORTATIONS DE FRANCE.

		fr.	fr.
Tissus. .	de laine	276,000	549,000
	de soie.	231,000	511,000
	de coton	249,000	310,000
Papiers, Livres et Gravures		132,000	184,000

	1847.	1848.
	fr.	fr.
Mercerie et Boutons.	116,000	182,000
Outils et Ouvrages en métaux . . .	72,000	130,000
Horlogerie	23,000	73,000
Poterie, Verres et Cristaux.	46,000	49,000
Autres articles.	1,285,000	735,000
Totaux. . .	2,430,000	2,723,000

La navigation a présenté les résultats ci-après pendant les cinq dernières années dont le mouvement commercial est constaté ci-dessus.

	Entrée.		Sortie.		Total.	
	Navires.	Tonneaux.	Navires.	Tonneaux.	Navires.	Tonneaux.
1844	159	16,815	46	5,084	205	21,899
1845	130	14,891	44	5,444	174	20,335
1846	184	21,994	36	5,472	220	27,466
1847	149	18,407	27	2,872	176	12,249
1848	85	9,358	23	1,772	108	12,130

Les chiffres ci-dessus sont ceux de la navigation *avec chargement* et comprennent les transports effectués dans les colonies portugaises de l'Océan, lesquels sont très restreints d'ailleurs. Sur les 9,358 tonneaux entrés dans nos ports en 1848, 7,460 reviennent à notre marine, et 1,043 à celle du Portugal. La diminution de l'intercourse en cette dernière année a pour principale cause le ralentissement des expéditions de sel de Saint-Ubes. Il en était arrivé en France durant l'exercice précédent, 90 chargements représentant 11,351 tonneaux. Ce nombre s'est réduit de 1848 à 1852 à 5,800 tonneaux. Notre navigation avec Lisbonne, beaucoup moins importante, a, au contraire, pris quelque développement, mais plutôt sous pavillon étranger que sous pavillon français.

Franchissons maintenant un espace de dix années, et arrivons à 1859.

Le commerce de la France avec le Portugal et ses dépendances insulaires, en 1859 et 1860, se résume par les chiffres suivants (*valeurs réelles*).

	1859.		1860.	
	COMMERCE général.	COMMERCE spécial.	COMMERCE général.	COMMERCE spécial.
	fr.	fr.	fr.	fr.
Importations.	6,062,000	4,473 000	6,566,000	5,675,000
Exportations.	19 521,000	14,122,000	17,898,000	13,048,000
TOTAUX . .	25,583,000	18,595,000	24,464,000	18,723,000

Voici quels ont été les principaux articles échangés entre les deux pays (commerce spécial) :

1° IMPORTATION DU PORTUGAL EN FRANCE.

		1859.		1860.	
	UNITÉS.	QUANTITÉS.	VALEURS. fr.	QUANTITÉS.	VALEURS. fr.
Fruits secs ou tapés. . .	kilogr.	1,204,000	1,290,000	1,032,000	886,000
Lichens tinctoriaux. . .	id.	750,000	1,013,000	723,000	976,000
Tourteaux de graines oléagineuses. .	id.	2,753,000	358,000	2,191,000	219,000
Huile d'olive.	id.	307,080	307,000	79,000	95,000
Œufs de vers à soie. . .	id.	1,255	251,000	88	18,000
Vins.	litre.	147,000	216,000	273,000	367,000
Soies.	kilogr.	4,229	140,000	16,900	367,000
Cendres et regrets d'orfèvre.	id.	920	28,000	54,000	1,607,000

Le fait le plus saillant qu'offre ce tableau est l'importation en 1860 pour une valeur de 1,607,000 francs d'un produit ; les *cendres et regrets d'orfèvre*, qui figurait en 1859 pour 28,000 francs seulement.

2° Importation de France en Portugal.

	Unités.	1859. Quantités.	1859. Valeurs.	1860. Quantités.	1860. Valeurs.
			fr.		
Tis. de soie.	kilogr.	23,000	3,280,000	34,000	4,675,000
Tis. de laine	id.	79,000	1,852,000	45,000	1,277,000
Tis. de coton	id.	26 000	242,000	23,000	162,000
Froment (Gr.).	hectol.	170,000	2,533,000	41,000	830,000
Mercerie et Boutons. . .	kilogr.	100,000	919,000	137,000	1,022,000
Papier, Cartes, Livres etc. .	id.	228,000	761,000	219,000	781,000
Outils et Ouvrages en métaux. . .	id.	94,000	348,000	232,000	505,000
Effets à usage.	id.	13,000	334,000	14,000	320,000
Peaux préparées et ouvrées . . .	id.	21,000	308,000	29,000	406,000
Froment (Far.)	quint. mét.	9,000	270,000	»	»
Articles de Paris . . .	kilog.	32,000	266,000	21,000	127,000
Poterie et Cristaux . .	id.	191,000	261,000	242,000	302,000
Médicaments composés .	id.	15,000	148,000	14,000	92,000

La diminution signalée en 1860 a porté, comme on le voit, en grande partie sur les céréales.

Les tissus de soie ont augmenté de près de 1,400,000 francs. Il n'y a pas eu de variation notable sur les autres articles.

L'intercourse maritime entre les deux pays s'est ainsi établie pour les navires chargés :

		Navires.	Tonneaux.				Tonneaux.
1859.	Entrée. .	143	22,636	dont	116	français avec	18,359
	Sortie . .	168	26,257	—	113	—	17,133
	Totaux .	311	48,893	dont	229	français avec	35,492

		Navires.	Tonneaux.				Tonneaux.
1860.	Entrée. .	132	20,698	dont	91	français avec	14,762
	Sortie. .	115	20,624	—	68	—	13,662
	Totaux.	247	41,322	dont	159	français avec	28,424

Différence en moins, en 1860, 64 navires jaugeant 7,571 tonneaux, dont 70 français jaugeant 7,068 tonneaux.

Le pavillon portugais a couvert dans l'intercourse de 1859, 54 navires jaugeant 7,317 tonneaux, et en 1860, 74 navires jaugeant 10,524 tonneaux.

Notre marine marchande a, de plus, compté, tant à l'entrée qu'à la sortie, 33 navires sur lest en 1859 et 27 en 1860.

Le port du Havre a figuré dans le mouvement de 1860 par navires chargés (entrée et sortie réunies) pour 77 bâtiments jaugeant 11,710 tonneaux, et Marseille pour 24 bâtiments et 5,922 tonneaux.

Viennent ensuite Dunkerque, Nantes, Bordeaux.

L'exercice 1863-1864 mérite une attention sérieuse.

Les opérations commerciales de la France avec le Portugal ont fait des progrès considérables. On en jugera par les chiffres suivants (valeurs réelles) :

	Commerce général.	Commerce spécial.
	fr.	fr.
Importations.	6,151,000	4,949,000
Exportations.	37,976,000	22,203,000
Totaux	44,127,000	27,152,000

L'exportation, qui forme, comme on le voit, les cinq sixièmes environ du total des échanges, s'est accrue en 1863, comparativement à 1862, de 14,152,000 francs au commerce général, et de 7,676,000 francs au commerce spécial. L'importation, par contre, a diminué respectivement de 3,873,000 francs et de 3,155,000 francs.

Voici quels ont été, au commerce spécial, les principaux produits échangés entre les deux pays.

1° IMPORTATIONS DE PORTUGAL EN FRANCE.

	fr.
Graines oléagineuses	561,000
Huiles fine spures	471,000
Cendres et regrets d'orfévre	432,000
Fruits secs ou tapés	431,800
Lichens tinctoriaux	345,000
Soies en cocons secs et frais	285,000
Œufs de vers à soie	280,000
Dents d'éléphant	275,000
Coton en laine	225.000
Vins de liqueurs	219,000

2° EXPORTATIONS DE FRANCE EN PORTUGAL.

	fr.
Tissus de soie	7,661,000
Tissus de laine	2,862,000
Mercerie et Boutons	2,846,000
Papier, Carton, Livres, etc.	870,000
Eaux-de-vie et Esprits	619,000
Outils et Ouvrages en métaux	568,000
Peaux préparées	392,000
Tissus de coton	338,000
Pelleteries	319,000
Poteries, Verres et Cristaux	313,000
Instruments de musique	277,000
Médicaments composés	255,000

L'intercourse maritime entre les deux pays s'est ainsi établie, en 1863, pour les navires chargés.

	Navires	Tonneaux.					Tonneaux.
Entree	144	22,826	dont	103	français	avec	16,312
Sortie	135	23,674	—	77	—		14,980
	279	46,500	dont	180	français	avec	31,292

Notre marine marchande a de plus compté, tant à l'entrée qu'à la sortie, 21 navires sur lest.

Le port du Havre a figuré dans l'intercourse de 1863 par navires chargés (entrée et sortie réunies) pour 100 navires jaugeant 16,160 tonneaux, Saint-Nazaire pour 67 navires jaugeant 13,527 tonneaux.

Exercice 1864. — Les résultats de 1864 n'offrent pas de grandes variations, comparativement à ceux de l'année précédente. Ils présentent toutefois une légère augmentation, comme on le verra par les chiffres suivants :

	Commerce général.	Commerce spécial.
	fr.	fr.
Importations	7,296,000	5,651,000
Exportations.	37,958,000	23,559,000
TOTAL	45,254,000	29,210,000
Accroissement en 1864. . .	1,127,000	3,593,000

Voici, pour 1864, les chiffres des principales marchandises.

1° IMPORTATIONS DE PORTUGAL EN FRANCE (*commerce spécial*).

	fr.
Cendres et regrets d'orfèvre.	2,160,000
Soie et bourre de soie	600,000
Fruits de table.	454,000
Dents d'éléphant	294,000
Graines oléagineuses	228,000
Tourteaux de graines oléagineuses . . .	218,000
Lichens tinctoriaux.	208,000

2° EXPORTATIONS DE FRANCE EN PORTUGAL.

	fr.
Tissus de soie	7,317,000
Mercerie et Boutons	3,502,000
Tissus de laine.	2,882,000
Papier, Carton, Livres, etc	1,100,000
Effets à usage	649,000
Outils et Ouvrages en métaux.	487,000
Tissus de coton	457,000

	fr.
Peaux préparées.	454,000
Médicaments composés.	448,000
Instruments de musique.	324,000
Eaux-de-vie, Esprits et Liqueurs	312,000
Tabletterie et Bimbeloterie	310,000
Poteries, Verres et Cristaux	283,000

L'intercourse directe entre la France et le Portugal a employé, en 1864, 262 navires chargés, jaugeant 45,262 tonneaux. C'est comparativement à 1863 une différence en moins de 17 navires et 1,118 tonneaux. La part du pavillon français dans le mouvement total de 1864 a été de 145 navires jaugeant 27,957 tonneaux.

Notre marine marchande a compté en outre 2 navires entrés et 3 navires sortis sur lest.

Le mouvement commercial des colonies pendant les deux années 1863 et 1864 mérite aussi d'être indiqué; en voici le résultat.

Ile de Madère. — Port de Funchal. — L'ensemble des échanges effectués à Funchal, en 1863, a donné les résultats suivants :

	fr.
Importation	6,030,000
Exportation	2,295,000
Total.	8,325,000

Ce chiffre, inférieur de 105,000 francs à celui de l'année précédente, par suite d'une baisse qui a affecté exclusivement l'exportation, se décompose ainsi entre les divers pays de provenance et de destination :

	Importation.	Exportation.
	fr.	fr.
Angleterre	2,539,000	1,210,000
Portugal	1,991,000	294,000
Maroc	489,000	»
France	250,000	116,000
Etats-Unis	185,000	138,000
Brésil	198,000	»
Russie	»	183,000
Antilles	78,000	»
Autres pays	300,000	354,000
Totaux	6,620,000	2,295,000

Voici les principaux produits tant importés qu'exportés en 1863 :

		fr.
1° Importation.	Produits manufacturés	2,910,000
	Maïs	897.000
	Charbon	750,000
	Blé	343,000
	Sucre	318,000
	Riz	206,000
	Planches	125,000
	Sel	83,000
	Morue	77,000
	Farine	60,000
2° Exportation.	Vin	1,532,000
	Ouvrages en vannerie et broderie	499,000
	Sucre de l'île	163,000
	Eaux-de-vie	76,000

L'Angleterre a envoyé à Madère, en 1863, la totalité du charbon que cette île a importé, la moitié du riz, des produit manufacturés pour 1,600,000 francs, et du sucre pour 49,000 francs ; elle en a reçu 1,540 hectolitres de vin, d'une valeur de 770,000 francs, et la presque totalité des ouvrages en vannerie et broderie. Le surplus des exportations de vin s'est ainsi réparti : Russie, 365 hectolitres, pour 183,000 francs ; Etats-Unis, 276, pour 138,000 francs ; France,

212, pour 106,000 francs ; Portugal, 62, pour 31,000 francs ; pays divers, 608, pour 304,000 francs.

L'importation du Portugal a été principalement représentée par 760,000 francs de produits manufacturés, 408,000 francs de maïs, 343,000 de blé, 170,000 d'huile d'olive ; celle du Maroc, par 489,000 francs de maïs; celle des Etats-Unis, par la totalité des planches et des farines ; celle du Brésil, par 125,000 francs de sucre ; et la nôtre, par 250,000 francs de produits manufacturés.

La navigation dans le port de Funchal a été, en 1863 (entrée et sortie réunies), de 324 navires jaugeant 83,643 tonneaux, sur lesquels il revient au pavillon anglais 114 navires et 40,490 tonneaux, au pavillon portugais 154 navires et 29,152 tonneaux, au pavillon américain, 13 navires et 3,253 tonneaux, et à notre pavillon 3 navires et 990 tonneaux.

Le commerce extérieur de Funchal est descendu, en 1864, à 8,067,000 francs, dont 5,935,000 à l'importation, et 2,132,000 à l'exportation.

Voici la part des principaux pays.

	Importation.	Exportation.
	fr.	fr.
Angleterre	2,492,000	1,046,000
Portugal	1,951,000	482,000
France	367,000	137,000
Maroc	337,000	»
Etats-Unis	251,000	64,000
Brésil	192,000	»
Autres pays	315,000	403,000
TOTAUX	5,935,000	2,132,000

Les divers produits qui ont servi aux échanges de 1864 ont été, savoir :

1° IMPORTATION.

	fr.	Provenance.	fr.
Articles manufacturés . . .	2,803,000	Angleterre . .	1,380,000
		Portugal . . .	876,000
		France. . . .	367,000
		Autres pays .	240,000
Charbon de terre	900,000	Angleterre . .	900,000
Maïs	631,000	Maroc	337,000
		Portugal . . .	294,000
Blé	325,000	Portugal . . .	325,000
Sucre	304,000	Brésil	110,000
		Portugal . . .	71,000
		Antilles . . .	67,000
		Angleterre . .	56,000
Riz	269,000	Angleterre . .	
		Portugal. . .	90,000
		Antilles . . .	38,000
		Brésil	36,000

	fr.	Provenance.	fr
Huile d'olive	187.000	Portugal . .	187,000
Farine	130,000	Etats-Unis . .	130,000
Planches	122,000	Etats-Unis . .	122,000

2° EXPORTATION.

	fr.	Destination.	fr.
Vins	1,284,000	Angleterre . .	720,000
		Russie	180,000
		France	120,000
		Etats-Unis . .	64,000
		Portugal . . .	38.000
		Autres pays .	162,000
Vannerie et Broderie . . .	414,000	Angleterre . .	297,000
		Portugal . . .	40,000
		France	17,000
		Autres pays .	60,000
Sucre de l'ile	336,000	Portugal . . .	336,000
Eau-de-vie de canne . . .	69,000	Portugal . . .	69,000

Les vignes de l'île ayant été détruites par l'oïdium et leur culture remplacée en partie par celle de la canne, Madère ne produit plus de vin ; il n'y reste actuellement que les existences en magasin, qui diminuent sensiblement.

La navigation du port de Funchal a été, entrée et sortie réunies, de 291 navires jaugeant 95,916 tonneaux, en 1864. Il y a eu, comparativement à 1863, diminution de 33 dans le nombre des navires, mais augmentation de 12,273 tonneaux dans la capacité collective des bâtiments. L'intercourse s'est effectuée en presque totalité sous les pavillons anglais et portugais, qui ont couvert, le premier, 111 navires avec 53,580 tonneaux, et le second, 135 navires et 27,855 tonneaux. Quant au nôtre, il n'y a participé que pour 3 navires et 1,227 tonneaux.

La douane de Funchal admet toutes les marchandises, moins la poudre et le tabac dont le gouvernement portugais a le monopole. Les tarifs ont été modifiés dans ces derniers temps, et les droits, à l'entrée comme à la sortie, sont maintenant assez légers.

Le chiffre des commissions de consignation, soit pour les opérations ordinaires, soit dans les cas de relâche pour cause d'avaries, est de 2 1/2 à 3 p. 0/0.

Quant aux marchandises qui pourraient alimenter notre commerce avec Madère, à l'importation comme à l'expor ation, ce sont celles spécifiées dans les relevés ci-dessus.

Iles Açores. — Fayal. — Les échanges de cette île se sont élevés, en 1863, à 1,547,000 francs.

La part de l'importation a été de 1,271,000 francs, et celle de l'exportation, de 276,000 francs.

Le commerce est presque exclusivement entre les mains de l'Angleterre et du Portugal, qui ont envoyé du tabac pour 211,000 francs, des tissus de laine pour 70,000 francs, de coton pour 43,000 francs, de fil pour 25,000 francs. Quant aux articles que les pays non spécifiés ont importés, concurremment avec ces deux contrées, ce sont surtout les suivants : café, 151,000 francs ; sucre, 126,000 francs ; charbon, 82,000 francs ; bois, 41,000 francs ; articles divers, 510,000 francs. L'exportation, qui a notamment consisté en oranges pour 126,000 francs, café, 37,000 francs, huile de baleine 30,000, et articles divers 29,000, a été en majeure partie dirigée sur l'Angleterre.

Bien que la France n'ait pas été représentée dans le commerce direct avec Fayal, ses produits y arrivent cependant, mais par voie de Lisbonne, et sont compris dans l'importation portugaise. Ce sont principalement des tissus de toute nature, des articles de Paris, des modes, de la quincaillerie, etc. Notre marine marchande s'arrête en effet à Lisbonne et ne va pas jusqu'à Fayal, qui ne lui procurerait pas de fret de retour, car des deux seuls produits que cette île pourrait nous offrir, les oranges sont exclues par l'élévation de nos droits, et les vins ne sont pas consommés en France, et sont d'ailleurs devenus rares depuis la maladie des vignes.

L'intercourse avec cette île a été représentée, en

1863, par 152 navires jaugeant 41,531 tonneaux. Le pavillon anglais en a couvert 48 avec 11,336 tonneaux; le pavillon portugais, 39 avec 9,116 tonneaux; et le pavillon français, 11 avec 2,978 tonneaux, qui sont seulement entrés en relâche.

Le commerce du port de *Horta*, en 1864, a donné les résultats suivants:

	fr.
Importations	1,384,000
Exportations	336,000
Total.	1,720,000

Le Portugal et l'Angleterre y ont figuré : le premier de ces pays, pour 725,000 francs, dont 582,000 à l'importation et 143,000 à l'exportation ; et le second, pour 631,000 francs, dont 472,000 à l'importation et 165,000 à l'exportation. Enfin, divers pays y ont importé des marchandises pour une valeur de 331,000 francs et en ont exporté pour 27,000. Quant à nos marchandises, elles prennent généralement la voie du Portugal.

Voici le détail des principaux produits échangés :

1° IMPORTATION.

	fr.	Provenance.	fr.
Coton	194,000	Angleterre. . . .	169,000
		Portugal.	24,000
		Autres pays	1,000
Tabac	188,000	Portugal.	188,000
Maïs.	141,000	Angleterre.	136,000
		Autres pays	5,000
Sucre	127,000	Portugal	72,000
		Angleterre.	37,000
		Autres pays	18,000
Tissus de laine.	118,000	Angleterre.	73,000
		Portugal.	45,000

	fr.	Provenance.	fr.
Charbon de terre . . .	33,000	Angleterre.	28,000
		Autres pays	5,000
Fil	28,000	Angleterre.	28,000
Articles divers	765,000	Portugal.	253,000
		Angleterre	210,000
		Autres pays. . . .	302,000

2° EXPORTATION.

	fr.	Destination.	fr.
Huile de baleine. . . .	83,000	Angleterre	83,000
Oranges	59,000	Angleterre	58,000
		Autres pays	1,000
Beurre	45,000	Portugal.	45,000
Coton	37,000	Portugal.	37,000
Ouvrages de sparterie .	17,000	Pays divers	17,000
Blé	13,000	Portugal.	13,000
Articles divers	68,000	Portugal.	45,000
		Angleterre.	21,000
		Autres pays	2,000

Une sensible différence en moins, par suite de la mauvaise récolte, a fait baisser l'exportation des oranges, de 126,000 francs en 1863, à 59,000 en 1864.

Le port de Horta a été fréquenté, dans cette dernière année, par 133 navires jaugeant 41,061 tonneaux, dont 46 avec 11,451 tonneaux sous pavillon anglais, 47 avec 10,229 tonneaux sous pavillon portugais et 9 avec 2,961 tonneaux sous pavillon français. En outre, 63 navires baleiniers américains ont déchargé à Horta, en entrepôt, 663,722 litres d'huile de cachalot, estimés 971,445 francs, et 101,084 litres d'huile de baleine, ayant une valeur de 73,975 francs, le tout destiné à être réexpédié aux États-Unis.

Les échanges de *Saint-Michel* avec la métropole et l'étranger ont atteint, en 1863, une valeur de 7,055,000 francs, dont 3,645,000 francs à l'importation et 3,410,000 à l'exportation. Ces chiffres se répartissent entre le Portugal pour 3,585,000 francs, sur lesquels la première branche du commerce est représentée par 1,903,000 francs, et la seconde par 1,682,000; l'Angleterre, pour 2,705,000 francs, dans lesquels l'importation figure pour 977,000 francs, et l'exportation pour 1,728,000; et la France, qui n'a pris à l'importation qu'une part de 375,000 francs. Enfin, une somme de 390,000 francs revient aux pays non spécifiés pour la valeur de leurs envois.

Les marchandises à importer directement à Saint-Michel sont les tissus de toute espèce, les eaux-de-vie, vins, outils divers en acier, quincaillerie ordinaire et fine, etc. Les produits que l'on peut en retirer sont les blés, maïs, fèves, oranges, haricots blancs, patates douces.

L'intercourse avec cette île a occupé, en 1863, 979 navires jaugeant 62,152 tonneaux, dont 555 avec 31,239 tonneaux sous pavillon anglais, 419 avec 28,998 tonneaux sous pavillon portugais, et 4 avec 408 tonneaux sous pavillon français.

Les commissions ordinaires de consignation s'élèvent à 3 p. 0/0; en cas de relâche pour cause d'avarie, à 2 1/2 p. 0/0 sur la valeur des marchandises sauvées, et 2 1/2 p. 0/0 quand elles sont rembarquées.

Toutes les marchandises, excepté la poudre et le tabac, sont admises par la douane de Saint-Michel.

Les droits de port pour les navires étrangers chargés de marchandises pour les Açores sont de 5,280 reis (26 fr. 40 c.) pour l'intendance sanitaire, de pareille somme redevance à la douane, de 600 reis (3 fr.) par chaque jour de débarquement, de 4,000 reis (20 fr.) au chef des douanes si le chargement est complet, et seulement de 1,333 reis (6 fr. 66 c.) s'il est incomplet, de 2,880 reis (14 fr. 40 c.) quand le navire doit aller déposer dans un autre port une partie de sa cargaison, et de 10 francs pour honoraires du capitaine de port.

Saint-Michel offre aux bâtiments d'assez grandes facilités pour faire des vivres et du charbon. Il existe dans l'île un dépôt de 2,000 tonneaux environ, au prix de 50 francs le tonneau. Mais quant aux objets de réparation des navires, ils sont à un prix élevé, parce qu'ils sont de fabrique étrangère, presque exclusivement anglaise. Les navigateurs ne peuvent d'ailleurs que venir se ravitailler, la rade ne présentant aucune sécurité et les travaux qui se font dans le port n'étant pas assez avancés pour abriter les navires qui viendraient pour être réparés.

Ile de Terceire. — Port d'Angra. — La valeur des opérations de ce port, en 1864, se traduit par un chiffre de 4,279,000 francs et se divise ainsi : importation, 2,740,000 francs, sur lesquels il revient 1,719,000 au Portugal, 959,000 à l'Angleterre et 62,000 aux autres pays ; exportation, 1,559,000 dont 1,235,000 pour le Portugal et 324,000 pour l'Angleterre. Il y a eu, comparativement à 1863, un accroissement de 1,104,000 francs portant en presque totalité sur la première branche des échanges. 135 navires jaugeant 34,539 tonneaux ont pris part à la navigation de ce port. Le pavillon portugais en a couvert 58 avec 17,953 tonneaux; le pavillon anglais, 64 avec 12,569 tonneaux, et le nôtre, 1 navire de 250 tonneaux.

L'administration portugaise a repris, après une interruption de dix ans, la publication des documents statistiques sur le commerce extérieur du Portugal et des îles qui en dépendent (les Açores et Madère), et elle a fait paraître successivement sous le titre (*Mappas geraes do comercio de Portugal com as suas possessôes ultramarinas e as naçôes estrangeiras*) deux tableaux qui présentent les résultats du mouvement des marchandises et de la navigation pendant les années 1865 et 1866.

On en extrait les données ci-après :

COMMERCE EXTÉRIEUR.

	Valeurs en 1865. En francs.	Valeurs en 1866. En francs.
Importations	155,141,000	165,791,000
Exportations	125,679,000	118,932,000
Réexportations	12,543,000	13,487,000
Totaux	293,363,000	298,210,000

Ces chiffres généraux comprennent non-seulement

le commerce avec l'étranger, mais encore le commerce avec les colonies portugaises autres que les Açores et Madère.

Les chiffres de 1866 présentent une augmentation d'un cinquième environ sur ceux de 1855.

Voici quelles ont été les perceptions des douanes :

		1865.	1866.
		reis.	reis
Droits	d'entrée	7,547,520,000	6,645,306,000
	de sortie	181,703,000	139,398,000
	de réexportation	19,032,000	20,393,000
	de transit et autres	466,000	508,000
		7,748,721,000	6,805,605,000
Soit en francs		48,429,000	42,535,000

En 1855, le total des droits perçus s'élevait seulement à 3,756,998,000 reis (23,481,000 francs).

Voici, dans l'ordre de classification adopté par le Tarif portugais, le relevé des marchandises ayant alimenté le commerce extérieur du Portugal en 1865 et 1866 :

1° ARTICLES D'IMPORTATION.

	1865.	1866.
	milreis.	milreis
Animaux vivants	798,872	964,521
Dépouilles d'animaux	1,472,351	1,600,905
Poissons	1,411 114	1,549,787
Laines	2,008,424	2,037,221
Soies et Soieries	673,599	712,019
Coton et Cotonnades	4,586,748	5,666,599
Lin et Toiles	957,757	661,240
Bois	746,499	514,375
Céréales	2,658,926	2,244,417
Denrées coloniales	4,110,472	3,081,470
Fruits et Légumes	390,631	582,518
Métaux	1,742,431	3,258,417
Autres minéraux	664,088	998,723
Boissons	778,333	278,630
Poterie et Verrerie	238,195	231,144

Papier et ses applications.	245,112	243,253
Produits chimiques.	254,362	255,757
Médicaments, Parfumerie, Couleurs .	253,223	242,638
Articles divers	737,573	710.925
Tisus mélangés	83,869	92.081

2° ARTICLES D'EXPORTATION.

	1865. — milreis.	1866. — milreis
Animaux vivants	594,211	654,552
Dépouilles d'animaux	1,154,681	1,283,457
Poissons.	108,136	191,541
Laines, Lainages et Poils	478,846	575,556
Soies et Soieries	201,844	104,330
Cotons et Cotonnades	409,253	414,696
Lins et Toiles	62,839	65,443
Bois	690,650	729,290
Céréales	161,776	251,047
Denrées coloniales	312,890	249,304
Fruits et Légumes	2,054,330	2,482,226
Métaux.	4,112,409	2,357,240
Autres minéraux	1,485,099	1,410,671
Boissons.	7,665,363	7,726,415
Poterie et Verrerie	29,831	30,290
Papier et ses applications.	51,953	59,744
Produits chimiques.	281,633	278,852
Médicaments, Parfumerie, Couleurs .	24,678	38,074
Articles divers	218,221	286,917

Les boissons, qui forment, comme on le voit, un des principaux éléments de l'exportation portugaise, comprennent l'eau-de-vie, les liqueurs, le genièvre, la bière, les limonades et les vins, surtout ceux de Porto. Ces derniers figurent, à eux seuls, en 1866, pour 6,478,466 milreis, soit 83 p. 0/0 du chiffre total des exportatoins de boissons de toutes sortes.

Le commerce du Portugal s'est réparti entre les principaux pays dans les proportions qu'indique le tableau suivant :

PRINCIPAUX PAYS.	1865.			1866.		
	IMPORTATION.	EXPORTATION.	RÉEXPORTATION.	IMPORTATION.	EXPORTATION.	RÉEXPORTATION.
	milreis.	milreis.	milreis.	milreis.	milreis.	milreis.
Colonies portugaises { d'Afrique .	557,484,000	478,088,000	1,430,000	784,975,000	548,783,000	5,496,000
Colonies portugaises { d'Asie. . .	68,811,000	25,346,000	1,551,000	57,126,000	27,985,000	824,000
Grande-Bretagne et ses possessions	12,258,981,000	13,401,113,000	962,232,000	13,365,333,000	11,855,686,000	1,040,742,000
Brésil.	3,018,333,000	2,690,075,000	558,235,000	3,442,467,000	3,041,893,000	475,878,000
France et possessions	3,785,034,000	747,220,000	129,479,000	4,018,282,000	648,379,000	200,489,000
Espagne et possessions.	2,010,044,000	1,188,188,000	39,936,000	2,348,741,000	1,343,048,000	72,740,000
Etats-Unis	709,094,000	187,703,000	182,141,000	502,884,000	217,039,000	193,725,000
Russie	697,983,000	93,610,000	17,587,000	528,160,000	270,212,000	11,444,000
Suède et Norwége	667,651,000	132,673,000	9,771,000	473,224,004	157,475,000	11,602,000

Viennent ensuite, d'après leur importance, les Pays-Bas, l'Italie, Hambourg, le Maroc, la Belgique, Brême, le Danemark, etc.

Il résulte du relevé ci-dessus que la Grande-Bretagne et ses colonies figurent dans les échanges du Portugal avec tous pays pour plus de moitié. Les envois de la Grande-Bretagne consistent principalement en cotons, en métaux et en poissons. Le premier de ces articles figure, en 1866, pour 4,903,979,000 reis, le second pour 2,101,583,000 reis, et le troisième pour 1,283,770,000 reis.

Quant aux exportations du Portugal pour la Grande-Bretagne, elles se composent notamment de vins, de produits coloniaux, de laines, etc. Les vins figurent, à eux seuls, pour 5,638,215,000 reis, soit moitié environ du chiffre total des exportations.

Le Brésil vient, comme importance, en seconde ligne dans l'ensemble des échanges de son ancienne métropole. Il lui a envoyé, en 1866, pour 2,370,064,000 reis de denrées coloniales, pour 437,180,000 reis de coton, pour 431,889,000 reis de dépouilles et produits d'animaux.

Les exportations du Portugal à destination du Brésil se sont composées principalement, dans l'exercice 1866, de vins (1,441,334,000 reis), denrées coloniales (396,853,000 reis), dépouilles d'animaux (355,101,000 reis), de métaux (205,092,000 reis), etc., etc.

La France tient le troisième rang. Le commerce de la France avec le Portugal et avec les îles qui en dépendent (y compris celle du Cap-Vert) a présenté les résultats suivants (valeurs réelles) :

1° COMMERCE GÉNÉRAL.

	1865.	1866.
	fr.	fr.
Importations	9,238,000	10,098,000
Exportations	37,620,000	31,342,000
TOTAUX . .	46,858,000	41,440,000

2° COMMERCE SPÉCIAL.

	1865.	1866.
Importations	6,932,000	7,042,000
Exportations	26,131,000	21,716,000
TOTAUX . .	33,033,000	28,758,000

Voici quels ont été les principaux articles de notre commerce propre avec le Portugal et ses dépendances insulaires en 1865 et 1866.

1° IMPORTATIONS DE PORTUGAL EN FRANCE.

	1865.	1866.
	fr.	fr.
Soie et bourre de soie	1,522,000	873,000
Cendres et regrets d'orfévre	1,349,000	93,000
Fruits de table.	642,000	967,000
Laines.	569,000	1,570,000
Fruits . . { oléagineux	531,000	298,000
Fruits . . { médicinaux	398,000	286,000
Café	353,080	76,000
Huiles végétales	209,000	515,000
Objets de collection	207,000	20,000
Liége	159,000	287,000
Dents d'éléphant	132,000	138,000
Lichens tinctoriaux.	117,000	128,000
Peaux brutes.	114,000	114,000
Graines oléagineuses.	102,000	309,000
Copal et dammar (résines)	7,000	234,000
Cire non ouvrée	9,000	155,000

1° EXPORTATIONS DE FRANCE EN PORTUGAL.

	1865.	1866.
	fr.	fr.
Tissus de soie	9,729,000	8,456.000
Mercerie et boutons	4,554,000	2,325,000
Tissus de laine	2,430,000	2,114,000
Céréales (grains)	2,256,000	2,104,000
Papier, carton, livres	856,000	744,000
Médicaments composés	468,000	352,000

Outils et ouvrages en métaux. . . .	370,000	242,000
Poterie, verres et cristaux	348,000	271,000
Tissus de coton	305,000	280,000
Modes et fleurs artificielles	299,000	86,000
Instruments de musique	296,000	231,000
Tabletterie et bimbeloterie.	186,000	73,000
Orfévrerie et bijouterie	184,000	313,000
Meubles	180,000	191,000
Couleurs.	175,000	158,000
Poils.	164,000	128,000
Eaux-de-vie, esprits, liqueurs. . . .	162,000	57,000
Voitures	153,000	20,000
Vins	131,000	134,000
Effets à usage	107,000	406,000
Ouvrages en peau ou en cuivre. . .	126,000	234,000
Peaux préparées	59,000	311,000

L'intercourse directe entre la France et le Portugal a donné lieu, en 1865 et 1866, aux mouvements ci-après :

		1865.		1866.	
		Navires.	Tonneaux.	Navires.	Tonneaux.
Entrée.		159	27,157	132	26,022
Sortie		176	28,794	133	24,914
Total		335	55,951	265	50,936
Part du pavillon . .	français . .	202	32,607	151	28,938
	portugais. .	118	21,009	100	18,475

Notre marine marchande a, de plus, compté, tant à l'entrée qu'à la sortie, 11 navires sur lest, en 1865, et 17, en 1866.

Le port du Havre a figuré dans l'intercourse de 1866 par navires chargés (entrée et sortie réunies) pour 141 navires jaugeant 33,690 tonneaux ; Nantes pour 39 navires jaugeant 4,905 tonneaux.

Quant aux ports portugais, c'est Lisbonne qui, comme d'habitude, a la plus forte part. Il compte, en

1866, 191 navires jaugeant 140,290 tonneaux. Puis vient Porto avec 46 navires et 6,815 tonneaux.

Enfin, nous reproduisons dans son entier le dernier document publié par l'administration des douanes françaises, et qui indique quelle était la situation de nos relations commerciales avec le Portugal à la date la plus récente où s'arrêtent les renseignements officiels.

Nous n'aurons besoin de rien ajouter à ces chiffres. Ils suffisent pour montrer, d'une façon irrécusable, à quel degré d'importance le commerce extérieur du Portugal s'est élevé sous le glorieux règne de S. M. le Roi dom Louis Ier, si bien secondé par des ministres intègres, habiles et véritablement dévoués aux intérêts du pays, ainsi que le démontre surabondamment l'ensemble de réorganisation coloniale que le présent travail avait pour but de signaler.

PORTUGAL

Y COMPRIS MADÈRE, LES ILES DU CAP-VERT ET LES AÇORES

IMPORTATIONS EN FRANCE

Rang d'importance.	COMMERCE GÉNÉRAL. MARCHANDISES ÉTRANGÈRES ARRIVÉES Pendant l'année 1868.				COMMERCE SPÉCIAL. Marchandises étrangères mises en consommation pendant l'année 1868.		
	DÉSIGNATION des Marchandises.	UNITÉS.	QUANTITÉS	VALEURS actuelles.	QUANTITÉS	VALEURS actuelles.	DROITS perçus.
1	Soie et bourre de soie	Kilog.	46.199	1.344.024	46.053	1.326.758	»
2	Fruits de table frais, secs ou tapés	—	2.671.117	1.314.288	2.612.061	1.281.952	11.313
3	Café	—	696.176	974.646	170.420	238.588	92.753
4	Fruits oléagineux	—	1.518.906	730.753	1.443.791	614.150	1.169
5	Cire non ouvrée, jaune, brune ou blanche	—	135.599	637.315	8.671	40.754	88
6	Peaux brutes, fraîches ou sèches	—	308.078	475.549	132.163	218.184	2.194
7	Cacao	—	260.223	364.312	152.288	213.203	64.031
8	Liége brut	—	581.122	290.561	574.685	287.343	162
9	Graines oléagineuses	—	798.886	279.883	796.692	279.093	3
10	Légumes secs et leurs farines	—	846.138	279.226	791.030	261.040	1.023
11	Vins	Litre.	215.972	254.865	183.728	106.304	552
12	Coton ou laine	Kilog.	105.343	234.915	101.742	226.885	3.052
13	Huiles végétales de toutes sortes	—	295.474	211.101	171.526	122.535	5.160
14	Feuilles et fruits médicinaux	—	84.345	188.570	82.551	185.834	8.335
15	Résineux exotiques	—	63.543	147.939	19.987	46.129	1.983
16	Engrais (résidus de noir animal)	—	1.045.060	146.308	1.045.060	146.308	»
17	Tourteaux de graines oléagineuses	—	1.160.000	139.200	1.160.000	139.200	»
18	Tabac fabriqué et cigares	—	8.209	127.750	49	894	937
19	Sel marin et sel gemme	Quint. mét.	79.425	119.137	12.508	18.762	7.525
20	Peaux préparées	Kilog.	10.163	119.134	63	1.134	38
21	Plomb en masses brutes, saumons barres et plaques	—	249.648	114.838	248.648	114.378	572
22	Dents d'éléphant	—	5.064	91.152	4.242	76.356	153
23	Bijouterie d'or et d'argent	Gramme.	30.668	77.568	3.248	1.137	16
24	Lichens tinctoriaux	Kilog.	63.475	62.205	47.856	46.899	591
25	Huîtres fraîches	Mille.	799	61.523	799	61.523	1.198
26	Borax raffiné	Kilog.	38.284	61.254	»	»	»
27	Albumine	—	8.949	53.249	8.949	53.249	»
28	Laines en masses	—	23.399	50.308	23.639	50.824	29
29	Baume de copahu ou du Brésil	—	11.708	49.174	6.177	25.944	1.483
30	Caoutchouc et gutta-percha bruts ou refondus en masse	—	9.795	38.790	»	»	»
31	Manganèse	—	223.223	37.948	223.223	37.938	»
32	Objets de collection	Franc.	»	37.572	»	34.972	»
33	Œufs de vers à soie	Kilog.	252	35.280	253	35.280	»
34	Cendres et regrets d'orfèvres	—	15.000	30.000	»	»	»
35	Nattes et tissus de paille d'écorce de sparte fine	—	590	25.960	590	25.960	32
36	Sumac et fustet moulus et non moulus	—	40.827	19.950	40.827	19.950	»
37	Poissons de mer secs, salés ou fumés	—	38.068	17.132	37.743	16.985	3.774
38	Oreillons	—	145.685	14.568	145.685	14.568	»
39	Autres articles	—	»	223.835	»	168.854	6.466
	TOTAUX			9.491.785		6.539.877	214.632

PORTUGAL

Y COMPRIS MADÈRE, LES ILES DU CAP VERT ET LES AÇORES

EXPORTATIONS DE FRANCE

Rang d'importance.	COMMERCE GÉNÉRAL. MARCHANDISES FRANÇAISES ET ÉTRANGÈRES EXPORTÉES Pendant l'année 1868.				COMMERCE SPÉCIAL. MARCHANDISES françaises ou francisées exportées pendant l'année 1868.	
	DÉSIGNATION DES MARCHANDISES.	UNITÉS.	QUANTITÉS	VALEURS actuelles.	QUANTITÉS	VALEURS actuelles.
1	Tissus, passementerie et rubans de soie	Kilog.	43.863	5.445.414	42.980	5.345.564
2	Tissus, passementerie et rubans de laine	—	236.551	3.155.354	159.964	2.244.109
3	Mercerie et boutons	—	182.205	1.360.743	123.276	1.038.768
4	Papier, carton, livres, gravures	—	490.805	1.060.203	331.987	846.473
5	Vêtements et pièces de lingerie cousues	—	»	997.488	»	877.467
6	Outils et ouvrages en métaux	—	628.250	856.392	174.360	392.221
7	Machines et mécaniques	—	439.828	728.262	102.072	178.165
8	Produits chimiques	—	409.910	607.403	401.604	583.177
9	Tissus, passementerie et rubans de coton	—	77.363	492.270	47.549	291.576
10	Bijouterie d'or	Gramme.	107.863	437.305	13.921	76.565
11	Peaux préparées	Kilog.	46.888	433.731	36.501	332.257
12	Médicaments composés	—	61.877	369.226	61.875	369.226
13	Soie et bourres de soie	—	4.068	346.220	3.975	339.544
14	Meubles de toutes sortes	Franc.	»	286.845	»	269.696
15	Poterie, verres et cristaux	Kilog.	327.033	281.213	284.110	222.745
16	Modes et fleurs artificielles	Franc.	»	263.875	»	260.762
17	Fils de toutes sortes	Kilog.	58.500	234.399	49.849	198.313
18	Instruments de musique	Franc.	»	230.288	»	228.588
19	Horlogerie	—	»	215.327	»	57.640
20	Couleurs	Kilog.	88.401	202.15	84.034	194.417
21	Tissus, passementerie et rubans de lin ou de chanvre	—	25.062	169.597	20.443	109.911
22	Céréales, farines	Quint. mét.	3.742	168.390	505	22.725
23	Parapluies et parasols	Franc.	»	138.939	»	138.939
24	Armes de guerre, de chasse et de luxe	Kilog.	10.302	137.658	310	4.455
25	Huile de pétrole et de schiste rectifiées ou épurées	—	313.652	125.461	7.213	2.885
26	Vins	Litre.	74.658	124.742	73.543	122.980
27	Ouvrages en peau ou en cuir	Kilog.	8.883	124.519	8.211	115.954
28	Parfumerie	—	24.763	118.860	19.385	93.048
29	Poils	—	10.954	116.562	10.954	116.562
30	Acide stéarique ouvré	—	69.681	116.506	9.383	15.688
31	Eaux-de-vie, esprits et liqueurs	Litre.	79.423	107.144	79.159	106.769
32	Houille crue	Quint. mét.	61.706	106.943	4.593	5.282
33	Or tiré ou laminé	Gramme.	34.500	98.325	34.500	98.325
34	Teintures préparées	Kilog.	20.379	91.911	19.962	84.247
35	Feutres	Franc.	»	83.864	»	83.769
36	Tabac en feuilles ou en côtes	Kilog.	61.805	80.625	»	»
37	Tabac fabriqué ou seulement préparé	—	14.948	74.740	475	2.375
38	Résines indigènes	—	347.375	68.732	346.785	65.621
39	Sucres bruts et raffinés	—	83.264	63.354	71.348	53.466
40	Soufre	—	256.134	56.250	256.134	56.250
41	Aiguilles à coudre	—	2.939	42.224	33	480
42	Autres articles	—	»	1.076.748	»	767.547
	TOTAUX			21.205.204		16.514.534

TABLE DES MATIÈRES

Paris. — Impr. Paul Dupont, rue Jean-Jacques-Rousseau, 41 (798.5.70)

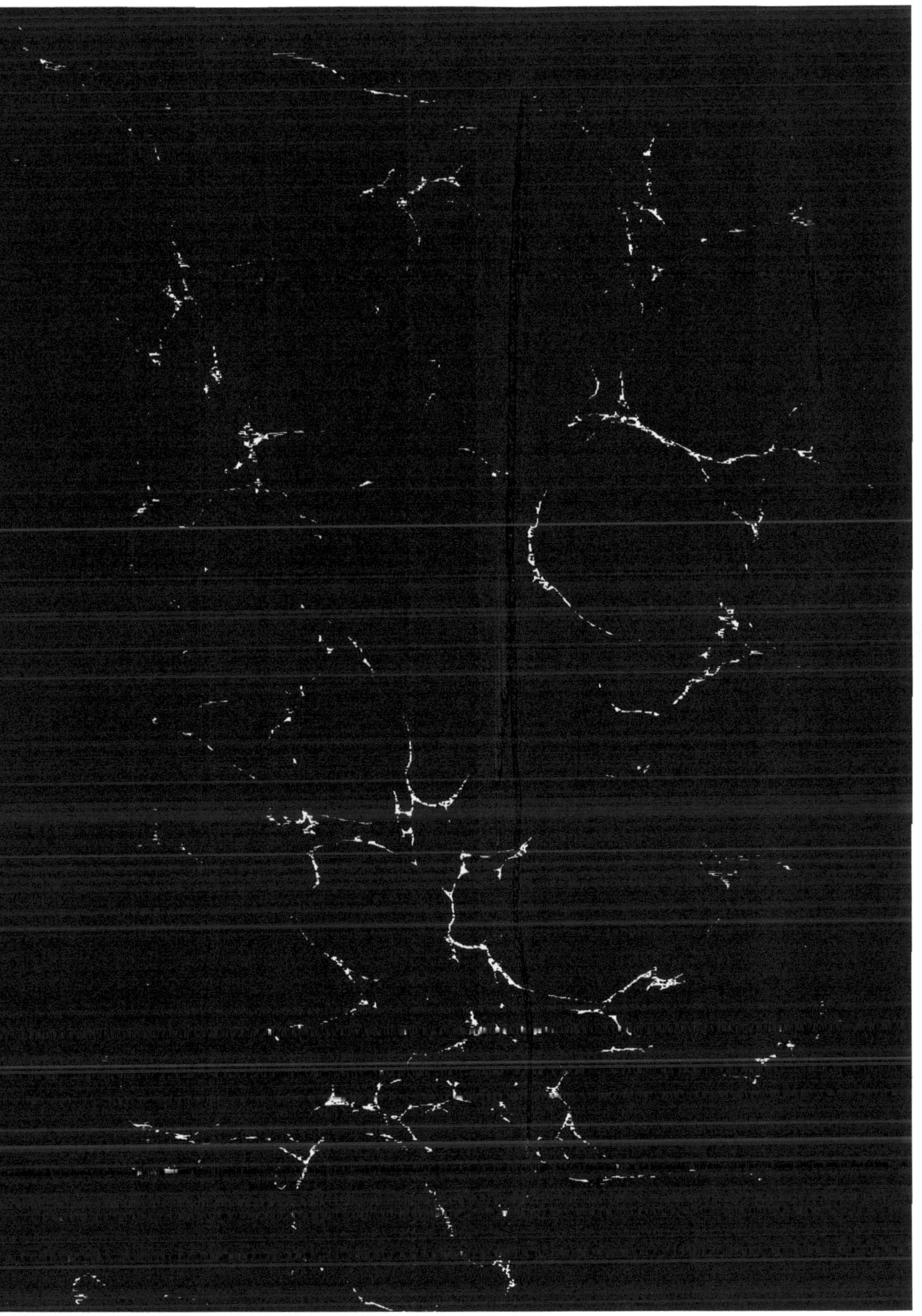

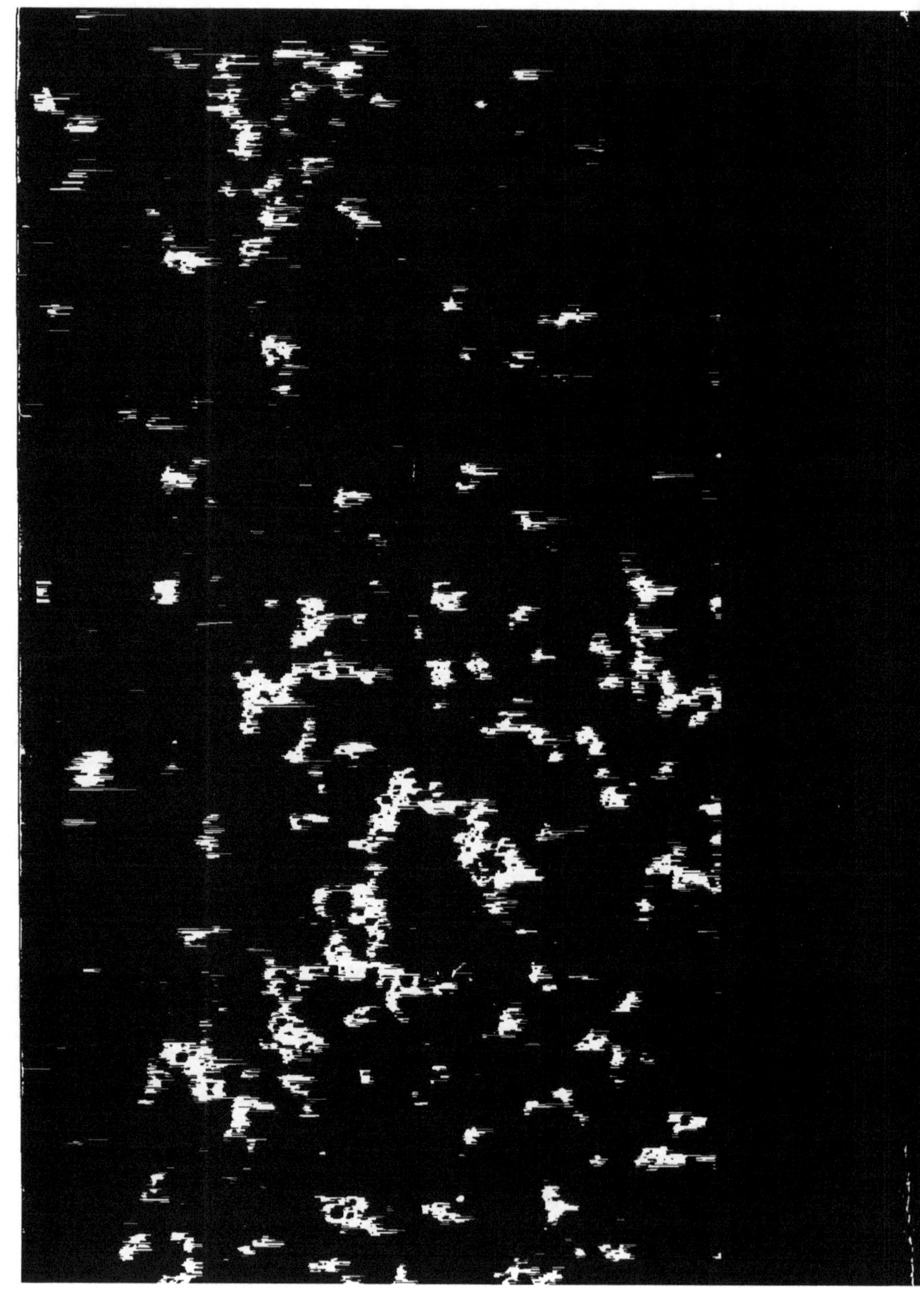

www.ingramcontent.com/pod-product-compliance
Ingram Content Group UK Ltd.
Pitfield, Milton Keynes, MK11 3LW, UK
UKHW020440200726
13857UKWH00002B/497